靖江老字號

沈南松　主编

系住靖江工商业文化之根

沈南松

习近平总书记深刻总结马克思主义中国化时代化的历史经验，深刻把握中华文明的发展规律，创造性提出并系统阐述“坚持把马克思主义基本原理同中国具体实际相结合、同中华优秀传统文化相结合”，揭示了在五千多年中华文明深厚基础上开辟和发展中国特色社会主义的必由之路，也揭示了党推动理论创新和文化繁荣的必由之路。

深入学习领会习近平总书记重要讲话精神，做好人民政协文化文史工作，必须坚持马克思主义不动摇，坚持植根本国、本民族历史文化沃土发展马克思主义不停步，用马克思主义引领中华优秀传统文化的繁荣和发展，将中华民族的伟大精神和丰富智慧更深层次地注入马克思主义，有效把马克思主义与中华优秀传统文化贯通起来，培植新的文化优势，攀登新的思想理论高峰，这也是我们启动编撰《靖江老字号》的现实意义所在。

靖江工商业起步晚，但影响大，开始是以靖城为中心向周边辐射，黄桥、姜堰、兴化等里下河地区商品多以靖江为集散地，滨江一带渡口率先成为工商业重要地带。至民国时期，靖城已兴起棉布与染织业、鞋帽与皮革业、粮食业、餐饮业、副食业、茶漆业、生猪行业、渔业与养殖业、旅馆业、车行与木作业、竹篾业、手工制作业、南货百货业、五洋业、洗浴与理发业、医药业、金融与典当业、影视娱乐业、照相业等行业，并逐步成立商会组织，规范商业经营，由此涌现了众多知名老字号。

任何一个地标产业、一流企业的成长壮大，都离不开一批批为之辛勤付出和奉献的经营者。本书中收取的靖江老字号为靖江这片土地赋予了生机与活力，是靖江工商业发展历史中孕育的“金字招牌”。它们，不仅仅是一个个商业品牌，也是一段段传奇故事的讲述者，更是一代代马洲儿女聪明才智的结晶。历经了社会的洗礼，跨越了时代的鸿沟，在岁月的洗练中存续成长，其能够发展壮大，本身就是一部励志的传奇，印记着靖江民族工商业发展轨迹，深深镌刻着靖江人以诚信为本的时代品格，敢于挑战创新的边界，展现无可比拟的魅力。靖江老字号体现的永不言弃的精神，早已成为骥商精神的代名词，其背后蕴含的强大精神力量和知识背景是影响后代、教育后代的重要力量来源，也成了推动靖江高质量发展的一支重要力量。

习近平总书记要求，“我们要更加坚定道路自信、理论自信、制度自信、文化自信，在发展全过程人民民主中把人民政协的显著政治优势更加充分发挥出来，不断巩固和发展生动活泼、安定团结的政治局面”。在人民政协的显著政治优势中，人民政协文化文史工作具备独特优势。人民政协文化文史工作是党的宣传思想文化工作的重要组成部分，是社会主义文化事业的重要内容，具备不可替代的存史、资政、团结、育人功能，有利于弘扬改革开放和社会主义现代化建设的时代精神，这也是人民政协工作的专门职责和独特优势所在。靖江的传统工商业文化是属于靖江人的宝贵财富，研究它、挖掘它、保护它，系住祖先留下的文化之根，赋予我们的工商文脉以更厚重的底色，是我们当代人义不容辞的使命。

近年来，靖江锚定“跻身全省高质量发展第一方阵，争当长三角一体化发展先行市”目标，确立“长三角智造市、一体化示范区、高质量幸福城”定位，全面提振精气神，经济总量迈上千亿台阶，连续三年获评全省高质量发展先进市，成功入选“中国高质量推进基本现代化典型城市”，描绘出“敢为、敢闯、敢干、敢首创”的生动图景，为靖江工商业文化历史写下了生动的注脚，群众的获得感、幸福感得到显著提升。我们编纂《靖江老字号》，就是为了深度挖掘老字号的匠人精神和品牌内涵，传承和发展传统工商业文化，树立靖江老字号的整体形象，提升靖江老字号的品牌价值，让更多的人真正领略到靖江的历史底蕴，以及传统与现代交织的精彩之处。

是为序。

（作者系靖江市政协主席）

目录

市集与商会

靖江的市集

靖江境内市集的形成，与靖江的地理演变及城市人口发展变迁紧密相关。三国末年，孤山脚下涨出两座沙洲，分别为牧马大沙、牧马小沙，赤乌元年（238）孙权牧马于此，这是文献记载中靖江这片土地始有人烟的确切佐证。唐宋时期，靖江开始出现移民围堤造田，大多居于农村乡野，并开始建造低矮土草房，呈一字形分布，称为“埭”或“垈”，若干个埭形成村落。南宋建炎四年（1130），岳飞“渡江淮流民于沙上”，为靖江人口带来显著增长，其后逐渐形成靖江最早的市集与乡镇，定名为“生祠堂”。元代时更是设立马驮沙巡检司于此，便于管理靖江地区的贸易与治安，可见当时货物往来贸易频繁，但大多因靖江渡口漕运地理便利，商业仅处于萌芽状态。

历南宋、元朝两代，明代时，因“江盗不靖”，以“居长江下游，捍卫全吴，锁钥金陵，足称重镇”，于成化七年（1471）奏请设立“靖江县”，县治选址在东土城，显见建县之初靖江境内商业活动频繁。但考证史料文献，当时的商业大多为乡绅巨贾所控制，个体独立经营商业仍较为少见。直至靖江建县前，仅生祠堂（今生祠镇）、东阜镇（今斜桥镇）、季家市、侯河市 4 个集镇初具雏形，但并非真正意义上的集镇。明隆庆三年（1569）刊刻的《新修靖江县志》卷二中这样记载：“县之俗，村居散漫，不成聚落，故无镇市。”即建县近百年后，靖江乡间民居散落，尚未真正形成集镇。

生祠堂市集最早可追溯至南宋，受岳飞渡江影响；东皋市集最早可能因薄家弄旁有斜桥，乡民自发据之成市集，至明代形成东皋镇；季家市则始于元代（一说南唐），原为长江北岸荒滩，大批移民垦荒定居于此后，因作为民间南北出行重要渡口而渐成市集；侯河市相传有一名为侯河的商人，因水洞港漕运便利，在此开店经商，为人仗义、受人尊敬，其后此地建成集市并沿用其名以纪念。元代，名士陈杰居于马驮沙，建“万卷书楼”，延请赵孟頫为其子陈简、陈范授课；一代奇人李时可，家资巨万，巨富之家堪比沈万三；1990年马桥古墓出土，墓主朱軏所承袭的朱氏家族，由其曾祖朱暹始迁马驮沙，朱暹曾祖朱清则被元诗人张昱写诗誉为元代海运第一人：“国初海运自朱张，百万楼船渡大洋。”由此可见，由于海运的影响，南宋至元明，作为长江下游重要的几处渡口，靖江境内的生祠、斜桥、季市、侯河率先出现了市集，并逐步成熟，由市集而成集镇雏形。

建县后，靖江市集发展缓慢。靖江因地处偏僻，隅在江心，经济模式以农业为主，副业仅有捻麻、纺棉、织布，手工业以木工、泥瓦工为主，商业以肩挑手提的小商小贩为主导。据史料记载，明代晚期时靖江已有木版印刷，但未见专门品牌字号记载。独有盐商，但因封建时代盐业属于官营，且靖江地处江心，隶属苏南常州府，向为淮盐、浙盐行销交界，时有变换，加之私盐较多，故直至清末未见有知名盐号记载。

除因明代建县而带来的靖江城，依靠县治所在的便利而自成市集，其余乡野间直至清道光十九年（1839），才有了新丰市、大觉庵、长安市、通泰市、四墩子、正东圩6个集镇，均大致形成于清康熙、乾隆以后。清代，靖江因长江主泓道南移，北大江逐渐淤塞，渐与江北泰兴、如皋接壤，嘉庆、咸丰年间，沿江沙洲突涨，靖江地域大幅增广，形成“十团二十四图”。

新丰市据传有奚、芦、顾三姓在此建庙，名新丰寺，后成集市，故名新丰市；大觉庵以东阜镇北部建有大觉庵寺庙，后形成集市而得名；长安市在靖江东北部较为闻名，相传道光年间，该地建有常恩寺，形成集市便名为常恩市，后常恩市火灾，为祈长治久安，易名长安市；通泰市源于明弘治元年（1488），长江北大江淤塞壅涨，孤山登陆与北岸泰兴相连，通泰位于孤山与泰兴之间，渐成市集；四墩子因夹港渡口处原有5个由南向北依次排开的土墩，第四个墩子较大，渡船常停泊于此而形成集市；正东圩因清代嘉庆后县境西南刘闻沙规模渐涨，镇江、扬中一带移民垦荒“征东”，久之形成正东圩市。

清道光二十年（1840）至宣统三年（1911），增建宁界市、广陵镇、白衣堂市、毗卢市、八圩桥市、十圩桥市、西来镇7个集镇。宁界市与通泰市相似，北大江淤塞后，靖江与泰兴往来日益便利，交界处渐成集市；广陵镇也与北大江淤塞后涨出大片陆地有关，又与泰兴紧邻，因之成市镇；白衣堂以岳飞离靖赠白袍而得名，后建有白衣堂，久而成市；毗卢市因原有毗卢寺而成市；八圩桥市以八圩渡口往来商旅聚于八圩桥周边形成集市，民国时期八圩地区的下六圩港曾因渔港之重而一度被称为“下六圩镇”；十圩桥市因十圩港通航，渡江前常于十圩桥停靠而成市；西来镇早年曾为北大江东口，后因沙洲自西向东延涨，北大江口逐渐淤塞涨为陆地，因沙洲由西涨起，故名西来，清代建有西来庵，靖江、如皋两地香客常至此进香，后渐由市集而成集镇，成为靖江东大门。

直至清末，靖江经济依旧以农业为主，以农产与物产为主的商品，如麦、豆、稻米、酒、酱、醋、曲、油饼、菜籽、花生、皮革、毛骨、羽、卵、丝茧、牛、羊、鸡、鸭、蟹、鳝、纱布、树、芦、荻、瓜、桃、金针、火腿等，主要销往镇江、上海、苏州、常州、宁波、嘉兴、无锡、兴化、盐城、江阴等地区。而外销物产远不如购入商品丰富，购入商品主要有湖广杉木，建杭烟草，江西碗瓷，浙、广、苏等地锅罐冶器，锡山砖瓦，姜堰、兴化的糯、粳、籼米，江阴的灰、石、盆、缸、钵，新沟的砖瓦，南京的贡缎，湖州的湖绉，苏州、松江的绸布，江西万载的夏布，徽州的漆席，浙江、福建的纸箔，上海的洋西、煤油、钢铁、锡、钟表、火柴、玻璃、肥皂、洋灯、油烛，泰兴的烧酒，如皋的印染，宜兴的生姜、百合、茶壶、毛竹、蓑衣、斗笠，安庆的鲤鱼，浙江的石首，镇江的皮革、油，常州的梳篦，扬中的灯草、苗鸡，江阴的芹菜、西瓜、鲜鱼，四川、广西的药材、样布，等等，商品门类众多，经由商贩贩至城乡。

可以说，明清时期400多年的岁月里，靖江以农业、分散手工业为主导，生产力相对薄弱，商业经济发展缓慢，史料记载“农业拘守旧术，工业限于手工师传，商业只是谋己私”，实业凋敝。清末，伴随着农村的衰落，受国际社会工业革命带来的深远影响，靖江工商业逐渐兴起，以靖城为中心向周边辐射，黄桥、姜堰、兴化等里下河地区商品多以靖江为集散地，滨江一带渡口率先成为工商业重要地带，如斜桥的新港以猪、鸡、鸭出口为大宗，土桥、六助港以棉花和黄豆出口为大宗，六圩港（指下六圩港）以烧酒出口为大宗，夹港以粮米出口为主。至民国时期，靖城已兴起手工业、工商业、金融业、典当业、成表业、油漆业、竹篾业、泥水业、木作业、棉花业、粮食业、餐饮业、五洋业、绸布业、百货业、南货业、国药业、西药业、茶漆业、调味业、猪行业、腌腊业等行业，并逐步成立商会组织，规范商业经营，由此涌现了众多知名老字号。

1919年，增建孤山镇、吴家新市、柏木桥、木金市4个集镇。孤山镇因当时渐为南北交通要地，故设为重镇；吴家新市即今马桥镇新市村，因旧有吴家观音堂（一说祠堂），民国时成为市集，为区别于白衣堂、侯河市集，名为吴家新市；柏木桥以桥为名，后成柏木桥街，形成市集；木金市一地原名封头坝，过去位于河口，为防止江水倒灌而筑一土坝，因此得名，后在坝头建庙宇墨金寺，形成集市，即以庙名市，因“墨”“木”同音，百姓习惯写作“木金市”。此外，还有礼士、惠丰等地市集。咸丰年间，一位有德之士在四墩子以北建木桥一座，取“礼贤下士”之意，名曰“礼士桥”，长江客轮常在四墩子停靠，礼士桥渐成往来客商聚散之地，后形成集市；东兴镇（原惠丰乡）在长江沿边河口有防江水倒灌的封头坝，新中国成立前该地只有零星小店，新中国成立后逐渐形成集镇。

新中国成立后，靖江工商业不断繁荣发展。尤其是新中国成立初期的社办工业，自1956年起多数手工业从业者纷纷参加手工业生产合作社或合作组，继而于1958年大办社队工业，至1966年靖江社办工厂发展至92个。20世纪70年代初强调“围绕农业办工业，办好工业为农业”，也为社办工业发展提供了有利条件。改革开放后，1984 年中共中央下达文件，肯定乡镇工业是农村致富的必由之路；至 20 世纪 90 年代，靖江崛起了一批知名乡镇企业，推动了靖江经济社会的全面发展。2000 年撤乡并镇之前，靖江有 8 个集镇、16 个乡镇，以靖城为中心，沿公路均匀分布，约每 20 平方公里一个，从而形成了靖江 24 处较大的市集。

市集的历史沿革和发展，与靖江众多的老字号紧密相关。另有历史上曾出现过但已湮没无考的市集，如靖城东门外的宋家市、长安市与大觉乡之间的小市、五圩港的粮油集市等，或是留存于“先有宋家市，后有靖江城”等俗语中，或是在地名里延续，保留着曾经作为热闹集市的历史记忆。

靖江商会

民国元年（1912），靖江首建商会，会长姚序镛。民国二年（1913），该会有会董23人，会员450人。民国四年（1915），军阀混战，为维护商民利益，商会购买武器，建立商团，训练兵勇。其后商会一度解散。民国十一年（1922）4月19日，靖江商会重建于西门外耶稣堂，会员386人，有成表业职工会、油漆作业工会、篾竹业公会、泥水作业公会、木作业公会5个工会组织，负责靖江全县工商事业发展中商业团体的生产经营活动。

在商会成立之前，靖江建县后历经明清两代，除普通小商贩，至清末除普通商店和少数小厂，并无大规模工商业。清中期以前，靖江以农业经济为主，除本地为数不多的物产自产自销至苏南地区及里下河各地，商业活动更多的是因靖江襟江近海的地理位置而被动成为盐商或海运的走私，难以从史料文献中找到确切记载。清中晚期后，伴随着资本主义的萌芽与发展，靖江逐渐产生了民间自发的小型商业活动，清末开始出现小型工商业。

至民国时期，受国家经济活动影响，靖江依靠沿江八圩、九圩、新港、六圩港、夹港等长江渡口优势，形成了工商业发展的格局，即以靖城为核心，以沿江各港口为节点。靖江商贩将生猪、腌腊制品、竹箬等贩运至上海、苏州、南通等口岸，销往中国香港，日本、南洋等国家和地区。抗战前，靖江的猪商、粮商将生猪、腊肉、腌腿、花生等南运沪粤、港澳，换取龙头细布、西药、纸张、食糖等商品。位于靖江“北大门”的季市，则因地处靖江、泰兴、如皋三地交界，依托原有市集，几乎与靖城同步有了工商业的发展，而彼时其行政区划尚未归属靖江。

靖江商会成立后，农村经济破产，外受世界经济影响，内因国内战乱不断。随着全县工商业的凋敝，商会在抗战初期已走向式微。1937 年靖江沦陷后，商会自行解体，一度机构无存，敌伪统治时期靖江处于无商会状态。抗战时，商会所在的耶稣堂还被敌机炸毁了中间的一进楼房。

1941 年秋，伪县政府委派王希三、冯子异为伪商会筹备员，办公地点设在西门外耶稣堂旧址，并在被炸毁的楼房处搭建了一座茅棚。1943 年春，伪商会筹备工作就绪，在孔庙内明伦堂召开商民大会，推选季志鹏任理事长，刘子纯、刘侠仙任副理事长，冯子异、祝文耀、史铭勋、王允文、朱树典、朱厚生、杨其敏等为理事。伪商会专门从事货物调拨、招待军队、筹集款项及协助伪县政府工作，并一度建立商人自警队。当年夏，伪县长王钟鸣因私仇逮捕了商会理事冯子异和幕后指挥者郭锦文，将二人押解至南京，与二人关系密切的刘侠仙、陈椿年随之赶赴南京，一为营救，二为避免牵连之祸，理事长季志鹏也因局势不安而离职前往南京。王钟鸣借机改组商会，8 月派盛仲岩和伪政府第四科科长夏衍初邀请陈抱远出任商会理事长，遭陈婉言谢绝后，于 9 月上旬组织商民大会，仍推选陈抱远为理事长，陈再度辞拒。9 月 23 日，伪 19 师陈正才旅部包围靖城，攻打伪警察局局长陶明德，城内居民惨遭洗劫，局势动荡，陈抱远不得已到会主持商会事务。该届理事长为陈抱远，副理事长为孙同康、王希三，理事为祝文耀、史铭勋、袁亚栋、王月初、王允文、焦季良、朱树典、朱厚生。当时的伪县长陈养吾、历石青和伪警察局局长陶明德以权谋私，借纷繁名目屡屡向商会借款，商会不堪其扰，负担极重。

陈抱远在任两年。至 1945 年 8 月，伪商会共向各业公会集资 5000 余万元（中储券），大多用于过往靖江军队的招待。同年伪商会解散，陈抱远奉令与陆善哉交接，商会改称工商业联合会筹备委员会。1944 年冬，西门外商会所在耶稣堂搭建的茅棚倾圮。1945 年春，商会理事会决定在该地建会议室。但因当时木材缺乏，便购买了北门外侯姓的三间瓦屋，添砖加瓦后建成大会议室，又添建了厨房，砌筑了围墙。

1946 年 1 月，国民党政府靖江县县长张开仑任命朱先营为靖江商会筹备主任，王焕乎、熊春斌、刘侠仙、王道林、祝文耀等为筹备委员，依托西门外福音堂旧址（即后来工商联所在地）开展筹备工作，聘任郑金章为秘书，先后雇用鲍尚初、孙课经、祝文斗、王绍宪、凌霄、朱道隆、黄慕香等为文书、事务、会计等，陈士良、陈和尚、朱同庆等为勤杂工友。筹备会发动各行业组织成立同业公会，至当年末先后成立绸布、国药、粮食、百货、新药、南货、酒馆、腌腊、棉花、鲜肉、五洋、旅馆、铁器、银楼、报馆、医师、教育同业公会 17 个，包括：以王焕乎为首的南货业公会，以王允文为首的绸布业公会，以焦季良为首的百货业公会，以马松乔为首的五洋业公会，以朱树典为首的调味业公会，以徐学成为首的棉花业公会，以袁尚德为首的猪行业公会，以臧士奇为首的木行业公会，以朱厚生为首的粮食业公会，以于金汝为首的铁器业公会，以孙同康为首的腌腊业公会，以陆淮南为首的西药业公会，以朱鉴庭为首的国药业公会等。另有三轮车、纺织等职业公会 6 个。

按当时商业法规定，商业所属地区有同业 7 家以上者，应组织同业公会，并加入商会，为公会会员；不满 7 家者，单独加入商会，为商会会员。朱先营即以当时广文书局代表名义，加入商会成为会员。1946 年 7 月，商会召开成立大会，复建靖江县商会，朱先营等 15 人为理事，组成理事会，从中选 5 人为常务理事，朱先营为理事长即会长，盛舜成、祝文耀、史伯庚、端礼达等为监事，祝文耀为常务监事。同时，相继成立砖瓦、石灰、捉猪、印刷、水运等公会 6 个。商会内设经济委员会，所需经费向各同业公会及会员摊派。1948 年，商会曾拒绝江阴要塞在八圩设卡，使其对靖江商业货物运输行敲诈勒索之目的未能实现。

靖城集市与宋家市

靖江建县与城池营建均始于明成化七年（1471），靖江县城依托元至正十六年（1356）张士诚部下朱定、徐太二所筑水寨旧址而建。首任县令张汝华焚膏继晷、垒土为垣，所营建城池为夯土城，周围约3里，四面环以城壕，占地510亩。明正德元年（1506）始增筑城墙，东、南、西、北4座城门改为城砖并各建城楼3间。靖江城市格局自建县后一直延续至1951年城墙被拆除。

“先有宋家市，后有靖江城”，这句俗语在靖江流传已久，年代、出处均已不可考，但从史料文献的蛛丝马迹中，或可推敲这句俗语背后的故事。靖江城在建县前为东沙土城，从靖江城建成后的格局分析，原有土城并不大，建县后也仅占地510亩，旧有谚语：“东门翻跟头，西门拾帽子，南到迎春桥，北到小兔子桥。”对比成市更早、元代已设立巡检司的生祠堂，首任知县张汝华为何选址东沙土城建设靖江城？从靖江地理演变及南宋以后渡口遍布的情况来分析，张汝华选择在东沙土城建靖江城，或出于四个原因：第一，东土城与江阴城隔江相对，相较生祠渡江到达江阴更为便利；第二，明代时靖江东片地区已大范围涨沙成陆，斜桥镇在当时称为东阜镇，东阜即指东面的大陆；第三，当时的靖江作为江心中的沙洲，据县志记载管辖了下游直至崇明岛范围内的诸多沙洲，直至清末仍可见崇明岛为靖江所辖的记载，长江下游舟楫往来、物资运输至靖江东沙，基本从今雅桥港一带进入十圩港，最后到达靖江城东门附近，且明代倭寇犯靖、清代英军侵略均从东门进入；第四，张汝华在规划靖江城池格局之初，将南门作为官方门户，命名为济川门，西门外有渔婆港，因当时水势汹汹而名为障江门，西北门连通孤山一带为回澜门，东门名为观海门。因此，在建县之初，大批建材及物资应均从东门运入，东门外便先有了市集，民间相传在东门外以北处（今康宁路中段以南）原有宋氏族居之地，形成了宋家市。

关于靖城东门外宋家市的来历，民间还流传着另一个故事。很久以前，祖籍常州的宋晴溪迁居马驮沙，曾高中举人。其后人宋文伯在靖江东门城河外东北角建了一条东西向的街，街东有一条沟，一街一沟相互作用，使得米商会集，商贸兴旺，带动了商业、手工业的繁荣发展。由于商贾云集，此地被人们尊称为“宋家市”，街名为“宋家市街”，沟称为“米家沟”。宋家亦成为富家之族，宋文伯号称“宋百万”，有“南到靖江城，北到孤山边，东到花园殿，都是宋家地盘”的说法，宋家后人还曾在米家沟东建了一座“宋家祠”。

靖江建城后，城内一般民宅以砖木结构为主，富贵人家有厅屋、堂屋，也有部分楼房。由于街坊狭窄，沿街建筑相对矮小。清代靖城的商店、牙行、作坊基本集中在西门。棉布业主要集中在布市里、胜利街，民国初期有14家，至抗战期间有50家，主要经营上海、常州等地的色布，苏州的绸缎，江西万载的夏布和地产土布。粮油业分布在城内各处，清末靖城有私营粮商 4 家，民国时发展到 49 家，1950 年已有 85 家。西门外沿城河边设立羊市，故而西城河又称为羊市河（后填平为新建路）；鸡鹅市最早在东、西门外的大河边，清末改在西北门鱼行；鱼市原在东、西、北三门外均有；柴市城内四门均有；木行在东、西两门，以及乡村与滨江新沙大港处。民国前猪行、牛行均无固定市场，民国时期猪市散于四门及各乡镇，新中国成立后生猪由食品公司、供销社收购，猪行、猪市逐年减少。至 1956 年，县内生猪经营基本由国营食品公司取代。靖城的苗猪市场最初设立于西河沿小关庙，1963 年划归靖城蔬菜管理处，迁至东门魁星阁下，定名“青竹苗猪交易所”，为“天天集”；1981 年迁至靖城西郊，年成交苗猪约 10 万头，最高达 12 万头。

随着靖城城市建设的不断发展，城市规模逐渐扩大，沿街均有商铺店面，市集不再限于某地。改革开放 40 多年来，靖城作为靖江的城关镇，城市面貌日新月异，各行各业欣欣向荣，城区范围所及，均设有不同程度的行业“集市”。

生祠街

南宋建炎四年（1130），岳飞“渡百姓于沙上”。“沙上”“阴沙”是靖江建县前宋代的地名，今天已演变成生祠、马桥两个镇，也是靖江最早成陆的地区，其中生祠最早。南宋时期，今天的泰州高港、口岸一带名为“柴墟”，顾名思义，当时因地处沿江，须修筑江堤抵御江潮与洪水，其修筑方法应与北宋时期范仲淹修筑捍海堰相似，就地取材，以里下河地区盛产的芦柴捆扎立于江边，堆砌绵延，再结合木桩加固，填沙土与砂石成为堤堰。岳飞渡江，即从柴墟至沙上，当时的江面宽阔无垠，史载“江面阔四十余里”。金兵善骑马，但不懂舟船之道，所以当时的沙上地区相对成了躲避兵灾的理想之地，故称“江心桃花源”。

岳飞来靖后，率领百姓在今生祠一带驻扎并群聚而居，久而久之，生祠一带成为靖江最早的聚居地。相传百姓为感念岳飞渡江之德，建生祠纪念岳飞，地名便定为“生祠堂”，集市也以此而名。

岳飞离靖时，百姓自西往东一路相送，直至今马桥一带，即当时的西沙最东侧、临江处，才不得不停下脚步。岳飞赠白袍给随行百姓，于是该地定名为“白衣堂”，集市也随之而兴，规模最盛时有白衣堂南街、北街。当地故老相传，后来清代时形成的白衣堂“宋家市”，便与岳飞率军驻守于此有关。相传该地曾是岳飞驻兵处，向西至五圩港边，则是随行百姓散居之地。后来岳飞被害，宋军改编，百姓自组村落，因宋军而定村名“宋家市”。宋代“市”的概念，并不局限于市集，散落于乡间的乡居村落与埭，因有较为自由的农产品交易等商业活动，也可称为“市”。随着靖江建县后地理区域的扩大，至明末时，白衣堂南街、北街市集已逐渐低迷，繁华不再。

清代，靖江建县前即有的东门外宋家市，有两个宋氏兄弟来到原白衣堂北街，购地置业开了爿杂货店。生意日益兴盛，店的规模也逐渐东扩百余米，形成了与当年白衣堂北街极为相似的街道，路面以长条麻石铺就，沿街店铺皆为木排门。四周农户常常天不亮便来到这里做早市，俗称白衣堂“鬼市”，该处集市由宋氏兄弟牵头组织，属于靖城东门外宋家市在白衣堂的分支，故而又被称为白衣堂“宋家市”。

昔日的生祠堂有义原渔行、陆记粮行等五大商行。后来，生祠堂成了靖江建县前的政治中心，最晚在元代已建有巡检司管理往来贸易，建县后仍在较长时间内作为靖江西沙的中心乡镇，后因靖江城的政治、经济、文化中心确定而逐渐没落，成为靖江众多乡镇之一。无论是因岳飞宋家军而来的白衣堂宋家市，还是宋氏兄弟带来的宋家市，均已消逝于历史的长河，但“白衣堂”作为地名依然保留至今，成为马桥镇的历史人文地标。

斜桥镇与薄家弄

斜桥镇原名东皋镇，为建县之初4个集市之一，明代靖江“一城三镇”之一。《说文》解释“皋”字本义为“大陆曰皋”，东皋，即靖城东方的大陆。东皋市集最早可能因中市湾、薄家弄旁有斜桥，至明代建县前已有乡民自发聚成市集，明崇祯年间东皋镇设立，下有斜桥市。清乾隆五十五年（1790），东皋镇改名善因镇。

相传薄家弄西侧曾有两条河，明万历年间斜桥渐次突涨成陆时，河上曾建有一座石桥，因斜跨于河上，被称为“斜桥”。依靠斜桥，往来百姓逐渐聚集于此，形成市集，后来才有了薄家弄。最初，薄家弄旁的斜桥市，据清康熙年间《靖江县志》记载，“不过米蔬数店，以便行路已耳”。随着康熙、乾隆年间经济的发展，斜桥市渐渐兴盛，形成了南街、薄家弄、中街和北街的规模，街道宽约3米，以条麻石铺就。其中，南街店铺最多，最为繁华，粮米行、小吃铺面、典当行、钱庄、饭馆、药铺、首饰店等琳琅满目；中街最长，曾是布行的集散地，斜桥曾是著名的产棉区，纺织业发达，斜桥地区织的布更是被称为“靖布”，现在的斜桥老街已将曾经的中街一分为二；薄家弄历史最为悠久，连着南街和中街，也是斜桥知名度最高的老地名，百货丰富，制秤店、纸马蜡烛、打铁店林立其间；北街则主要是一些杂货店。

斜桥老街虽然街道狭窄、房屋矮小，店铺也并不算多，但因地处靖江俗称的东沙中部，是农村贸易的主要集镇，成为靖江东部重镇之一。

新港老街

新港，初名龙潭港，后名龙潭新港。

清咸丰年间，因沿江坍涨不定，夏仕港入江口处自然形成了一条排水流漕，为新港初始之形，河狭而浅，人一跨可过，至冬季则干涸无水。其后为防水、旱灾，行灌溉之利，人们将流漕裁弯取直、开阔浚深，从漕口陆家圩开挖至土桥，因流经陆家圩前龙潭圩的龙潭，故命名为龙潭港。

关于龙潭港的来历，还有一则民间传说。传说有年夏天，西南方的天空突然起了雹子，乌云伴着暴风滚滚而来，地面黑得像被口大铁锅罩着似的，随着一道着地的蛇舔子闪电和一声落地炸雷，从乌云里挂下一条长龙，长龙的尾巴着地一搅，即刻成了一个大深潭。随即龙尾一拖，又从港里拖到海里（靖江过去称长江为海），缩到乌云里去了。紧接着下了一阵斗倒似的冰雹雨，大潭里便积满了水，潭因此称为龙潭。被龙尾一拖，港也变深变宽了。人们在龙潭和港之间筑了一道圩，称为龙潭圩。后来，来这里落脚的人多了，都依圩建房居住，纷纷开店做生意，逐渐形成了集市。

考证史料可知，龙潭港与夏仕港本不相连，经夏仕港自北而来的水流与船只，原由四岔河入团河弯流至安宁港入江。后因北面如皋汛期泄洪入夏仕港，至入江口排泄不利，水患常发，便将龙潭港疏浚开阔接连夏仕港，于是北水自原来由安宁港入江改为直接从龙潭港泄入长江。经过江水潮汐冲刷，龙潭港渐深渐阔，北向经夏仕港先后连通季家市、黄桥、姜堰、曲塘、海安等地，最北直至连云港。河阔港深之下，夏有排涝之利，冬得不涸不冻，行船便利，成为连通苏北地区最为方便的水运大港。

最初时，龙潭港口仅有陆家圩陆子琳等十几户乡民。清光绪初年（1875），浙江镇海县陈姓商人乘宁波吊船在江上遭遇暴风被阻泊于龙潭港口，随之上岸与陆子琳接洽，在港口处销售船上所载山芋。因当时靖江未种山芋，听闻有宁波山芋，周边乡民来此抢购，不出两天，一船山芋售罄。由此，陈姓商人与陆子琳交往日深，常船运浙江土产水产来此销售，又将靖江猪羊、芋头、花生等贩运带回。一来二去，龙潭港口小商小贩日渐增多，形成了集市。陈姓商人也将宁波商人与宁波货船纷纷带来，集市贸易日益扩大，于是龙潭港改称龙潭新港。可惜清光绪年间长江坍涨不定，江南突涨、江北大坍，龙潭新港至光绪末年已全坍入长江。原集镇上的商店货行，在江坍前陆续转移至港向内约 1 里处，沿港边重建了街道商铺。水运的便利吸引了各行各业的商户在此落户发展，至 20 世纪 20 年代北伐战争前，龙潭新港已简称为新港。

新港优越的地理位置，使得该地在清末至民国时期发展迅速，水陆交通四通八达，做生意跑码头的商贾云集于此，到 20 世纪三四十年代已经是十分繁荣的集镇。抗战时期，因侵华日军封锁长江，苏北地区内河水路仅留新港一条进出港口，这给新港带来了一段时间的畸形繁荣。港口有直通上海的班轮，港内与苏北各地的水运连接，令新港一度有“小上海”之称。钟海梁、戴德滋、殷志贵、徐石舟组成了大发国难财的“四大金刚”，与伪政府盛翕如、袁鲁臣、陶明德等人先后把控了新港的港口大权。集镇上店铺林立，货物应有尽有，加上生猪等货物储运，出洋捕鱼大船进出往来，每年春季的鱼市最为兴盛。

1938 年，钟海梁与戴德滋、殷志贵、徐石舟、倪子仪、陈载之、丁俊成等人在新港组建“复新运输公司”，又称“洋棚”，是上海英商怡太轮船公司的代理，有“祥太”“武穴”“同和”“海康”“克力司丁”等七八艘悬挂英国国旗的大轮船。每天有 30 艘轮船由上海直达新港，停泊装卸货物，使新港成为苏北货物进出口枢纽，皖北、鲁南、豫东等地物产也由此运入上海。开设洋棚之后，新港港内船只泊满，集镇行人接踵，独轮车延绵数里，昼夜喧哗。日军侵占靖江时，新港镇上屋舍大部分被毁，其后建有众多草屋草棚及小摊小店，又因一场大火被火烧殆尽。后来，新港街重建，瓦屋楼房鳞次栉比，通向斜桥的公路两侧也建满了沿街铺面。

新港最繁华时，集镇上除猪行、牛行、蛋行、鱼行、鸡鸭行、米麦 6 个传统行业，还有五洋、百货、绸布、南货等商店，洋纱、香烟、熬油、宰杀等公司，以及旅社、饭馆等，甚至鸦片馆、赌场、妓院也在集镇内设有多家。

后来，几个港口陆续开放后，新港老街的商业逐渐低迷，至抗战胜利前两三年，繁荣局面已所剩无几，畸形的繁荣沦为昙花一现。

柏木桥、罗家桥与雅桥

靖城出东门，从五里桥往东，依次排有二号桥、三号桥直到六号桥，中间却没有四号桥，三号桥与五号桥之间只有柏木桥。事实上，柏木桥便是四号桥。民国时期江平路修建之前，靖城往东至斜桥、西去直至如皋，有一条土路，经过四号桥时，于今江平路南侧约 200 米处跨了大小两条河港，百姓在两条河港上各建了一座木桥，因都用柏木铺架，便称为“柏木桥”。其后，百姓在两桥之间修房造屋，开店经商，先后出现了南货店、茶馆、小吃店，以及药店、布店、旅店、农贸市场等，逐步发展成集市，便以桥名命名为柏木桥街。

罗家桥位于罗家桥港南段，桥东西向，跨港而建，因桥东首旧时有地主罗怀甫的庄房，便命名为“罗家桥”。罗家桥港北起靖泰界河，经柏木桥至罗家桥南流入江，明清时称为柏家港；北段自界河至孤山老庄头团河口，称百花港；南段自团河口至长江，民国时称中天生港，今南段改名统称为罗家桥港。清末至民国时，罗家桥最初居民不满 20 户，只有几家小店、两家猪行和一家茶室，仅早晨有些货物买卖，白天市面萧条。罗家桥后来之所以成为小集市，主要是因为桥周围分布着大地主的庄园：西南是刘达生、刘特生的井字庄，东北是郑轶群、郑鹤群的郑家老庄，西北是郑月波的郑家新庄。大的庄园占地近百亩，小的也有五六十亩，另外还有一些占地二三十亩的小庄屋。有一家茶室系袁春安开设，因有“桥头大老爹”（过去乡间评理处理纠纷者）豪绅劣董的撑场而热闹非常。

1938 年，罗家桥人朱金声见新港和八圩港口恢复开设洋棚（即外国轮船公司的代理），物资往来和贸易频繁，便请托“利民棉皮行”何维信、蒋基二人的“老头子”海希文（旧社会有“拜老头子”的帮派陋习），与上海联系设立罗家桥码头，后与驻扎在柏木桥附近的伪政府时任第三区区长陶明德联系，又请蔡克谦帮忙，加上当时新港和八圩两处港口有日军驻扎，往来客商常被殴打和没收物资，而罗家桥无驻军，客商们渐渐改自该港入靖，罗家桥港口由此成为靖江当时重要的物资集散港口。因长江渔场罗家桥段盛产刀鱼，港口内刀鱼行最为出名；此外，港口每天出口生猪 2000 多头，每月出口牛 1000 多头，其他出口商品还有鸡鸭、蛋类、咸肉、花生、黄豆、烧酒、棉花等，进口物资则有棉纱、布匹、绸缎和纸张等。

1938 年九十月至 1939 年二三月间，罗家桥港口最为兴盛，从桥西岸向南经盘头到江边，从桥东直到万福桥港口，房屋林立，商店密布，形成了大集镇。镇上的转运公司有近 20 家，以朱金声开设的亨宝和许世芳开设的通达两家规模最大，运输远至徐州、淮北、山东南部。大小客栈有 40 多家，以郑人瑞、张宴平开设的合群旅馆和刘某开设的怡怡公寓规模最大。酒馆饭店有 10 多家，以靖城人祝文耀、孙锡庆合开的沅沅和柏木桥人陈沛然开的彬兴两家规模最大。罗家桥的繁荣在 1939 年夏末戛然而止，当时靖江人熊仰西为垄断八圩港贸易，说服日军特务班班长水野宣孝,对罗家桥港实行了封锁。罗家桥港口霎时衰落，所有行业一夜关停，往来物资大都转向新港。

值得一提的是，“双鱼”牌猪肉脯厂的前身——陈应林等三人创办的上海三友美味食品厂，便是1937年迁至罗家桥而落户靖江的。“双鱼”猪肉脯如今已成为靖江闻名中外的著名特产。

雅桥位于越江木金市东长江边，现有两条港，一条为新开的雅桥港，较为宽阔；另一条较窄的则是老雅桥港，原名野漕港，北通掘港头，南接长江。约于清嘉庆年间，此地因长江坍涨自然形成水沟,后经当地百姓逐年加固,形成可供小船航行的小港口,抗英斗争时英军即从野漕港登陆侵扰靖城。因江滩芦苇盛产粽叶及当地多种果桃吸引了江南客商前来采购，野漕渐成市集，有了街面和店铺。但往来客商鱼龙混杂，“小小集市棍子街，十人当中九个歪”，欺行霸市、聚赌酗酒等乱象丛生，新中国成立前的地方一霸陈汉彭即为一例。新中国成立后，开展肃反运动，陈汉彭被镇压，野漕港风气转正，取谐音改称“雅桥”。

四墩子与新桥

靖江最西侧为新桥镇，由曾经的新桥镇、太和镇合并而来。新桥之名源于靖江境内上青龙港的新石桥。20 世纪 90 年代，乘着改革开放的东风，新桥率先崛起了众多乡镇企业，以泵阀、五金为主要产品。新桥的历史，也是近现代长江江面急剧缩窄的变迁史。英国大英博物馆内藏有一幅清代军事地图《靖江水陆营汛境舆图》，于道光二十二年（1842）绘制。当时的新桥，还是靖江西南侧沿江的刘闻沙大沙洲，并无军事部署以及行政机构。而光绪五年（1879）《靖江县志》所载《靖江市境图》中，则已显著标明四墩子所在。

清代早期，刘闻沙与西侧磨盘沙相邻，规模并不大。道光十四年（1834）刘闻沙突涨，随后逐渐形成今天所见沿江地区。而明代时，刘闻沙、磨盘沙均尚未成形，其前身为西小沙。西小沙最早即三国时期的牧马小沙，后来坍涨不定之下，逐步演变为西小沙。明嘉靖四十三年（1564）记载，当时西小沙为自东绕南至西环绕靖江城的 10 个沙洲之一，次年在此重建巡检司公署；清代中期，西小沙与西侧的磨盘沙向东涨接，形成靖江的“沙上”地区，巡检司公署也移至西来镇。

四墩子成陆于何时已无考。清中期以后，靖江沿江渡口林立。四墩子因夹港渡口处原有 5 个由南向北依次排开的土墩，第四个墩子较大，渡船常停泊于此而形成集市。道光十四年（1834），刘闻沙突涨。咸丰十年（1860），清政府设立厘捐局，靖城为厘捐总局，四墩子为下设 7 个分局之一，7 个分局均为当时主要渡口码头。清末，据光绪七年（1881）史料记载，四墩子与西来、斜桥、生祠是靖江城之外为数不多的拥有饭菜馆或饮食店的四大集镇，四墩子老街上较大的饭菜馆以沙裕泰为首。民国时，四墩子已成为靖江 8 个较大的集市之一，每月逢 1、4、7 日便是四墩子节场，此外还有庙会等会场，周边百姓定期前来赶集。

关于夹港的 5 个墩子，历来说法均为长江涨沙时泥沙沉积而成，前两个墩子形成较早，后坍入江中，后三个墩子保留了下来。三墩子在今太南村四组，五墩子在牛角湾（即老夹港拐弯处），两个墩子位于四墩子东南，因规模较小未经开发而成沙田，后由外来渔民及垦荒农民耕种。四墩子因地势高、规模大，有夹港从旁穿过，北有大路连通老岸。清道光、咸丰年间，扬中渔民在夹港段长江中捕得鱼虾，常在四墩子处贩卖，靖江老岸鱼贩子多来此收购，后建成水产市场，扬中移民日益增多，周边渔民也陆续迁入。四墩子老街规模渐盛，老街上商业繁荣，饭店、旅馆、南货百货店、棉麻绸布店、铁匠铺、烧饼店等一应俱全。

经考据多方史料，夹港口的 5 个土墩子，更可能是清代甚至更早时期，因夹港渡口临江处多受江水侵蚀，效仿京杭大运河里运河在历史上为防河、湖决堤堵塞水运而设立的“土豚”（即土墩）。先后设立的 5 座土墩，其中四墩子规模最大，成为靖江西部重镇，留下了诸多历史人文故事。

孤山与“三月三”庙会

孤山镇，以镇内孤山得名。孤山是天目山延伸至东北方向的余脉之一，大约在距今300万年前形成，兀立于长江下游入海口处。山体南北长而东西狭窄，南高北低，远看如卧狮，县志称“形如狻猊”，当地百姓称为“伏牛”。民间传说孤山东侧有“仙人洞”，洞内有“金绞车”。沧海桑田，长江上游泥沙长期被孤山所阻，又受到海潮顶托作用，泥沙逐渐附积于孤山脚下，渐渐在孤山四周形成沙洲。三国时期，沙洲规模显著增长，形成南北两个沙洲——牧马小沙与大沙。孤山即在牧马大沙。

隋末唐初，扬州海陵葛冈（今泰兴广陵镇）有法号为法响的僧人，于泰兴广福寺听闻孤山有虎患，于是渡江收服猛虎，被誉为“伏虎禅师”。法响因孤山僻静清幽，在此结庐而居，并建“正见寺”。这是靖江境内有记载的最早的名胜古迹。

建县前，历唐、宋、元至明代初期，孤山始终是长江下游的一座孤岛，但因其“孤峰屹镇”的作用，周边的沙洲坍涨不断，从三国时期的牧马大沙与小沙、宋代的阴沙与沙上，到元代的马驮沙、明代的骥渚，孤山便成为长江下游渡江中转休憩的重要一站。由于山顶正见寺因法相“伏虎罗汉”声名远播，泰兴、靖江两地形成了“迎请菩萨”的宗教习俗和上山进香的民俗活动。明弘治元年（1488），长江北大江淤塞壅涨，孤山登陆，与周边沙洲联为一体。嘉靖二十八年（1549），牧马小沙与大沙两沙间的套水淤涨为平陆，两沙合一。天启年间，北大江水势趋缓，自西而东逐渐淤塞，孤山以北逐渐形成孤北洼地，靖江西北涨连泰兴，东北接壤如皋。泰兴地区与靖江境内百姓前往孤山进香者日益增多，传统“三月三”孤山庙会成为靖江地区规模最大的庙会活动。至清末民国时，孤山渐为南北交通要地。1919年，孤山镇设立，成为靖江中部重镇。

清代，孤山东侧的芦场港内，因水质独特，出产一种爪呈玉色的螃蟹，名为“玉爪蟹”，肉鲜味美，闻名遐迩，曾一度被列为贡品。后因水质变化，玉爪蟹今已绝迹。清末以来，孤山向以善烹羊肉最负盛名，原先均散落于乡间，每至秋冬季节应时而开。孤山的桑木桥与新桥太和高山桥、西来土桥为新中国成立以来较为闻名的“羊肉三桥”。

明清时期，孤山一带因山上盛产独特黄泥，周边百姓用以制作泥塑，造型以鸡、狗为主，也有鱼、青蛙、蝙蝠、老虎等动物形制，俗称“泥狗子”，又称为“叫魑”，形成了独特的非物质文化遗产技艺。泥塑艺人不仅做泥狗子，还善于塑佛像，民国时期较为著名的艺人有周梅春及其弟子夏子雄、宋庆祥等。

庙会，也称为香期，是善男信女集中进庙烧香的日子。各庙的香期不同，庙会举办的时间也因之而异。至今仍有生祠在东岳大帝生日时举办的三月廿八庙会、孤山在轩辕黄帝诞辰时举办的三月三庙会，依旧盛况空前。历史上还有过城隍庙正月

十五、清明节、七月半和十月初一的香期，其余大小寺庙也都有自己的香期。农历三月初三，古称上巳节，这一天妇女戴荠菜花，以祈清明。孤山“三月三”庙会，大致在孤山登陆后逐渐形成，距今已有数百年历史，向为泰州地区规模最盛大的庙会，民间广泛流传着“三月三，上孤山”的民谣，不仅靖江当地人络绎前往，周边泰兴、如皋等地的人们也纷至沓来。

八圩与公所桥

八圩港，前身即明代澜港的向南延伸。明清两代，八圩港是靖江南来北往的重要渡口。长江自扬州、镇江以下渐成喇叭口状，靖江八圩港至东侧天生港一带与对岸江阴的黄田港就处在喇叭口的最窄处。清嘉庆十八年（1813），靖江沿江大面积江坍，江坍最近处距离靖江城南城墙仅“四十三丈”。但到了道光十四年（1834），靖江沿江一带沙洲突涨，喇叭口急剧缩窄，据光绪五年（1879）《靖江市境图》载，八圩港对江阴黄田港江面宽七八里，九圩港对江阴鲥鱼港江面宽六七里，天生港对江阴黄山港江面宽五六里。天生港当时为炮台及炮营，八圩港、九圩港便成了摆渡至对岸江阴的最佳选择，其中九圩港与十圩港间修筑有炮堤，大宗货物运输便只得从八圩港进出。

明嘉靖三年（1524），靖江南渡的主要渡口在城东南侧的苏家港口（今十圩港中段），名为谭公渡。至清咸丰初年（1851），八圩港与澜港南（今天妃宫南）相连，水道仍北通原水运航道澜港，谭公渡改为驿道，由此八圩港成为靖城与江南相连最近的渡口大港。于是，因八圩渡口而往来的商旅聚于南八圩桥周边，在清末形成了八圩桥市，也是清道光二十年（1840）后至宣统三年（1911）间设立的7个集镇之一。值得一提的是，民国时期，八圩地区除八圩港，另有下六圩港、上天生港、下天生港等渔业港口，下六圩港更因渔业兴盛曾在20世纪30年代一度被冠以“下六圩镇”之称。

公所桥，原名中八圩桥，又称中桥，是八圩港上的一座木桥。清代，原下设各团之间连接的“马桥”（木质桥，用于行马通运）移建至江边，嘉庆年间江坍后，根据新的成陆格局再次沿江修建若干木桥，中八圩桥即其中之一。中桥跨八圩港，桥面宽约2米，港中有木桥桩支撑，桥下可行船，行人与独轮车可在桥面通行。1928年，天妃宫与八圩港渡口间建起姜八公路，木桥因处于中段而简称“中桥”，同时办起了“利靖”“靖泰”两家私营汽车公司。后来又在此设立滨江公所桥分区区公所，中桥渐渐改称为“公所桥”。

新中国成立后，公所桥地区开始发展，公所桥西岸平整拓荒，发展民生，后八圩人民公社选址建于此，公社百姓奋勇进步，热情高涨。桥西东西向有一条路穿过，虽不足1里，但公所桥不仅成了地标、形成集镇，工商业也得到了发展，从早期的纺织器械厂、油饼厂、阀门厂等工业雏形，到20世纪90年代乡镇企业的蓬勃发展，再到21世纪的经济开发热潮，饭店、医院、学校、作坊、供销社、信用社、政府机关、法院、派出所等林立于街道两侧，见证了靖江近现代近百年以来的工商业发展历程。20世纪90年代末，为方便出行，公所桥改建为水泥桥。

靖江最早的轮船业便始于八圩，自清光绪四年（1878）起，已有国营招商局和太古、怡和三家轮船公司在八圩港口设立洋棚，各有4艘大客轮由上海开往武汉，直至1937年；光绪十年

（1884）添设救生局 4 艘大小船只对渡江阴，后改称“义渡”。1946年，八圩渡口最多时有渡运客货的机船13艘。1949年5月，靖江建“江轮联营处”，为靖江首家公私联营企业，1956 年改称地方国营靖江轮运公司。1950 年 8 月，上海私营合营长江轮船公司有“大豫”“大庆”“鸿大”“隆大”等大客轮由上海开往龙窝口，中途停靠八圩。1958 年建公社，因以渔业生产为主称为“渔业公社”。1970 年 5 月，江苏省江南轮船公司在八圩渡口建成第一座长江汽车轮渡码头。

季家市

季市原名季家市，古称太平村，始建于南唐升元元年（937）。季市所在原为长江尾闾，秦末时尚为一片汪洋，当时的长江入海口在今扬州至泰州一线。上游泥沙滚滚而下，至此受海潮顶托逐渐沉积，形成江中沙洲。季市地域的形成大约在西汉时期（前206—24），当时仅为20多平方公里的暗沙涨露水面，属于长江中的江心洲，长江分为南、北大江，季市地区位于北大江北侧。

中国古代先后有三大涌潮现象：山东青州涌潮、江苏广陵涛和浙江钱塘潮，受月球引力影响，潮汐现象逐渐南移。清代费饧璜在《广陵涛辩》中说："春秋时，潮盛于山东，汉及六朝盛于广陵。唐、宋以后，潮盛于浙江，盖地气自北而南，有真知其然者。"当年潮涌上溯至广陵城南曲江江段时，因水道曲折，又受江心沙洲的牵绊，形成怒涛奔涌之势，汉唐诗人多至广陵观涛作诗。广陵涛消失于唐大历年间（766—779）。大致广陵涛消失的同时，泰州以南地区沙洲涨幅加速，季市地区与西北侧泰兴、东北侧如皋渐渐涨连。至南唐时，析出海陵南5个乡设立泰兴市，季市当时归属太平乡，也因此迎来最早的一批移民，在此围圩造田，垦荒定居。北宋时，因江水泛滥成灾，舟渡往来又因江中风浪常有倾覆，外有海匪猖獗，百姓为求安定，称此地为太平村。赵朴初在《踏莎行·泰州》中称赞泰州“州建南唐、文昌北宋”，北宋范仲淹《书海陵滕从事文会堂》中形容泰州“东南沧海郡”，季市的建置史与泰州大致同步。

太平村肇始于北宋，季家市的形成则大约始于元代。两宋、元代时，季市仍为长江北岸荒滩，不断有移民来此垦荒定居，里下河地区南渡长江也常取道此地，大批移民定居于此后，季市因作为民间南北出行的重要渡口而渐成市集。民间传说因当地有季、李两大姓，为定名“季家市”还是“李家市”相争构讼，后来改“季家市”为“季市”。自北宋直至1945年，季市长期隶属泰兴。1945年靖江光复，靖江市抗日民主政府更名为靖江县政府，季市镇划归靖江，但国民党泰兴市政府在1945—1949年间，时有调整季市隶属，至1949年靖江解放，当年5月季市才正式划归靖江。1955年，季市镇与靖城为全市仅有的两个镇，其后先后设立人民公社，其间季市在1962年曾分拆为季市镇和季南人民公社，1973年合并为季市公社，1983年改为季市乡，1984年再度改称季市镇，沿用至今。

季市老街是靖江仅存传统格局与历史风貌较为完整的老街。老街原呈“十”字形，从十字街口向东西南北方向辐射出4条古街，街口均设有“圈门”，后因西街西面的石桥南路如同“十”字上面加一横，形成“千”字形格局。季市老街现由五街五巷组成，即东街、西街、南街、北街、石桥南路5条街和健康巷、卫生巷、水巷、旱巷、义巷5条巷，另有若干小巷散落街区内，有老旧民居445间，明清时期百年以上的传统民居有372间。

明清时期，季市日益兴盛。作为南北水道流入长江的咽喉，季市东连如皋的曹堡、黄市，北扼泰兴的河失、横巷和黄桥，南临靖江孤山、侯河、生祠，成为苏北、苏中、苏南南北交通要冲与滨江门户，也是如皋、泰兴、靖江三地交界之地。为防私盐贩卖和盗匪作乱，清乾隆初年（1736）泰兴将印庄巡检司迁址于此，在东街建巡检司衙门，管理泰兴东南一带的治安与贸易。咸丰年间，受太平天国运动影响，江南各地与江北扬州一带百姓为避兵燹，纷纷举家来此，其后陆续不断有移民于此者。同治九年（1870），泰州守备营曾分兵驻守季市，民国初年（1912）曾设巡警所。民国时，季市已成为苏北重镇，至抗战前夕，人口从原来的3000多人一跃增至9000余众，商业与手工业迅猛发展，促进了街市商贸的繁荣。1943—1949年，中共靖江县委、县政府也曾在季家市区政府内办公。渡江战役时，叶飞的前线总指挥部曾设在杨绍震故居（新中国成立后建为季市油厂）。季市老街成了靖泰地区重要的商品集散地，街内钱庄、典当、饭庄、茶庄、竹行、酒行、染坊、布店、烟店、澡堂、客栈、赌场、妓院、粮食行、小猪行、南北货、瓷器店、中药店等一应俱全，商业、服务业的繁华程度超过了当时的靖江县城。

老街以北街最长，旧时行人由北自内河坐船而来，至北街最北港口码头上岸，到达季市；西街最短，主要聚集餐饮、理发、浴室等行业，曾有老国营饭店、老新华书店等；东街最殷实，典当、钱庄、巡检司承载了季市的金融秩序；南街最繁华，百货、服饰、布匹、杂货等为每一个即将渡江南下的旅客充实了行囊。旧时有民谚称“要钱上东街——典当钱庄，要穿上南街——百货布匹，要惬意上西街——澡堂客栈，要好吃上北街——饭庄酒楼”，也有更简洁明了的“要钱到东街，要耍到西街，要穿到南街，要吃到北街”。

乡因市而镇，季市作为靖江北大门，历史上长期为商业重镇，店铺林立，商贾云集，街内曾有数十家知名老字号，也有靖江最早的电灯厂、水厂，被誉为“靖江第二镇”。繁华的商贸带来了众多老字号，这些老字号少数由季市本地人开办，如包老三烧饼店，大多由外乡人在季市创办，如徽州人胡沇源“胡源泰茶庄”、常州人汤桐生“汤乾号钱庄”、泰兴人李国柱“德兴泰烟店”、“陆全盛”小猪行、“周松芝”中药店，等等。

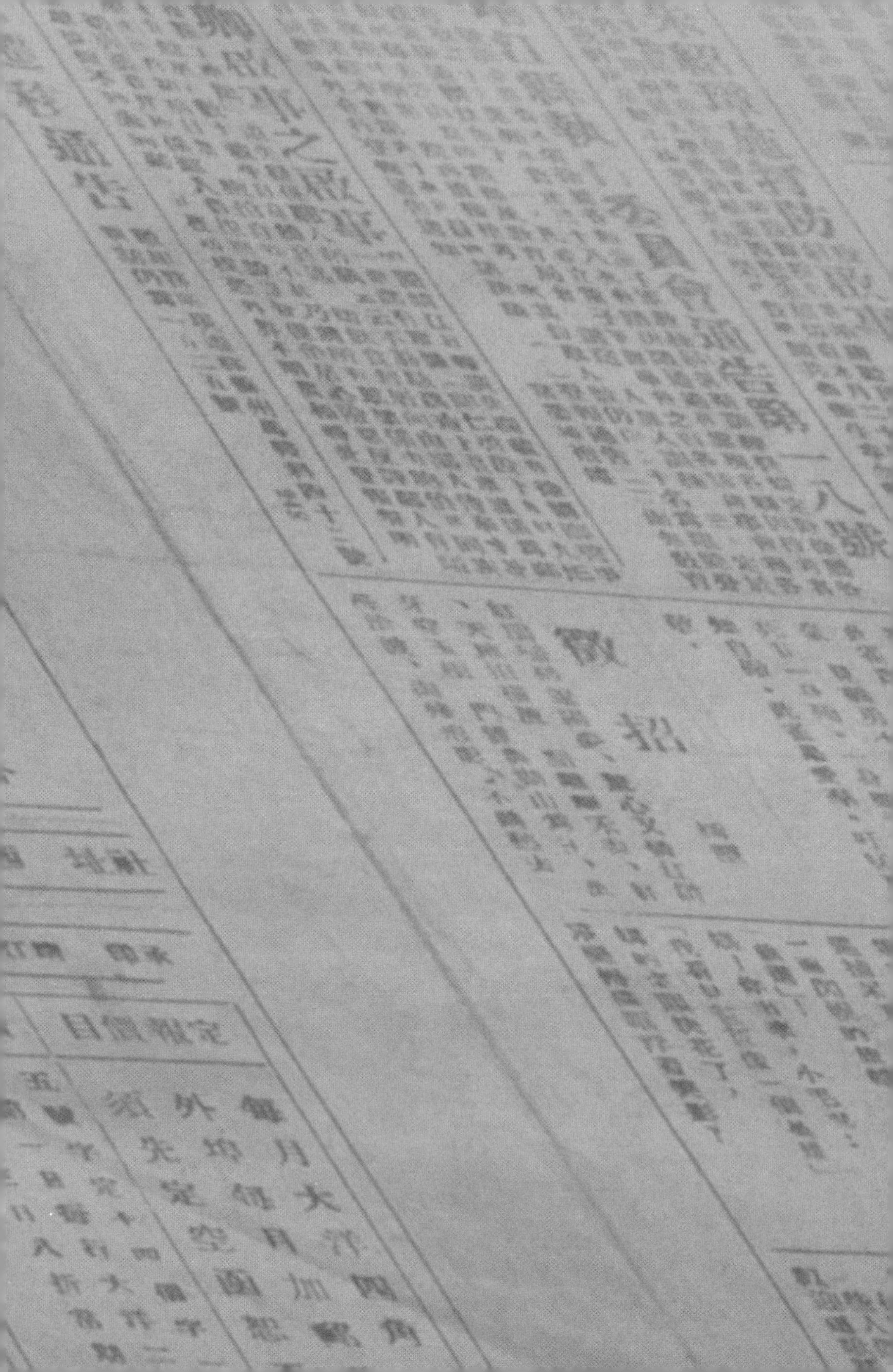

棉布业与染织业

棉布业公会

靖江自明代建县后，即有土布编织，布业最初以民间零散自用为主。过去绫罗绸缎一般为官宦富贾之家所用，1990 年马桥明代古墓中出土的明代服饰，据鉴定均为苏州工艺，侧面证明了靖江当时丝绸业并不成熟。普通百姓因生活所需，往往零星种植棉花，纺纱后与亲友合力请来机匠共织一机，各家根据原料多寡分得几尺土布不等，供作新衣，日常仍普遍穿着补丁破衣。

相传靖城西门外护城河有一条支流，自城北原“山海镇”通往今团结路，小河岸东高西低，原较荒芜。后来逐渐有了农闲时的壮劳力来此做挑夫，其中有位瞿姓青年机缘巧合下，摆摊贩卖通州大白布，规模渐成，又吸引了众多商户聚集于此，形成布市，因在小里弄里，该地便被称为“布市里”。

清末，靖江布店主要开设在城市，乡镇上纵有门面亦规模有限。当时靖城最早的布店有周茂斋与其他人合股开设的同德昌，以及冯炳春开设的冯万顺，其后有贾理臣开设的涌义兴、朱子俊开设的德兴源、朱鲲斋开设的日新华、杨锦章开设的锦和源、朱光裕开设的朱之茂、朱宇庭开设的震茂恒。

民国时，布店有朱盛夫开设的日新昌、祝华堂开设的乾太昌、许同生开设的许义成、王允文开设的信义成、缪仙庵等合股开设的利华国货社、徐俊卿开设的大纶，还有方老二开设的五洲药房兼营棉布。敌伪时期先后开设的布店有朱慕周的裕康，史柏根的永日昌，史金根的晋太昌，方竹平的方竹记，朱愚村、叶伯远、王达仁的三友，顾康保的大康，王小国的王祥记，陈果如的天成，朱叙臣的聚丰等。上述布店多数分布在西门、北门外，这些店多系先后开设，并不同时存在。

靖城布店初以丝织品为重要货源，稍后则以棉布为主流。靖城沦陷前，全城棉布店营业总额据公会统计为 40 余万元。敌伪时期，棉布业曾一度畸形发展，原因是新港、罗家桥每天有轮船与上海来往，靖城成为南北交通运输的枢纽，市面顿现繁荣，棉布店由原来的 10 余家增至 30 余家。但这些投机营业不过昙花一现。抗战胜利后，因纸币贬值，反动统治捐税重，货物来源不易，群众购买力低，棉布业一落千丈。

贾理臣、朱鲲斋等见江南各地都有同业公所的组织，借以共谋事业之发展，于是也发起组织绸布公所，设在西门外朝阳殿，知县许应奎还题书“绸布公所”4 个大字匾额。当时绸布公所与县商会无隶属关系，成立后开会次数不多，只是每年夏历五月十三日关帝诞辰，各同业均到公所祀神、集会、聚餐，汇报各店营业情况。因此绸布公所只是有名无实的组织。

1935 年，该公所改称棉布业公会，与其他同业公会一样隶属于县商会，会址仍在朝阳殿，扩充了门面，并修葺一新。不过经常无人驻会办公，遇事都是到商会商讨，公会名存实亡。

永日昌棉布店

棉布业公会成立后，隶属于靖江市商会，史伯根任靖江商会的监事。史伯根资料不详，仅通过零散史料得知，当时其在靖城棉布业为翘楚。另有以王允文为首的绸布业公会。

明清时期，靖江多数农户生产土布，以自用为主，出售者较少。18 世纪初，乡间机户所织土布除自用，剩余部分销给城镇商行。清末“洋布”涌入，土布产量减少，但斜桥地区所织土布仍较为畅销，被誉为“靖布”，通过沿江港口尤其是新港外销各地。当时流传有歌谣：“十二月里蜡梅开，还有斜桥一条街，中小土布市上卖，要卖好价上西来。”棉布商店全市均有，但大多集中于靖城。靖城的布店主要经销上海、常州等地的色布，苏州的绸缎，江西万载的夏布和地产土布，货源经历了土布向丝织品再向棉布转变的过程。

民国时，靖城的商业主要集中在今天的胜利街和骥江路交叉处，该地与传统的布市里也较为邻近，史伯根即在此设立了永日昌棉布店。同时期还有其兄长史金根开设的晋太昌棉布店。随着商业经济的发展，以及近现代中西合璧式建筑的兴起，加之清末洋布的涌入，原有店铺建筑风格转变，靖城商业区域胜利街与瓛江路一带建成了一批两层砖木结构的楼房，如新泰丰南货店、永日昌棉布店等。其外部风貌大多为清水墙，内部则仍保留传统木结构形式。

永日昌棉布店的具体经营情况未有详细记载，但从该店率先建成近现代中西合璧式的店面建筑来看，其经营业绩在同时期中应当属于佼佼者。

公裕土纱布廠

近现代靖江著名的爱国实业家刘国钧，家住西沙生祠堂，15 岁时至常州武进区奔牛镇，在绸缎洋布业学了 6 年，后来创设“和丰绸缎洋布号”，并开设土布染坊。当时清政府腐败，对外屈膝，听任外货倾销，南通张謇号召实业救国，刘国钧于是在 1914 年与蒋盘发等合资，于常州东下塘开设机器织布厂。后来，刘国钧又在常州创设“广益染织厂”。

从 1914 年与蒋盘发等人筹划办厂算起，到 1918 年春退出大纶，刘国钧完成了从商人到工业企业家、从组织手工作坊生产到组织机械化大生产的转变。正是有了在大纶获取的经验，刘国钧开始了独立自主的创业之路，他计划在靖江生祠堂与常州同时开建两爿厂，江南江北两相呼应。

生祠堂同乡在苏南地区发展最有实力的当数徐吟甫。徐吟甫听说过刘国钧，知道他是柳家桥“呆先生”的儿子，在常州工商界也算有些小名气，但他对这个年轻人的计划不敢轻信，便以自己也想办厂为由婉拒。

刘国钧碰了一个钉子，并不气馁，又登门找了另一位同乡徐品章。徐品章出道比徐吟甫还要早，当时身兼谦泰旭绸布店、德丰恒色布店两个店的经理，手中甚是宽裕。徐品章对刘国钧颇为欣赏，一听要在家乡生祠堂办厂，当即表示愿意投资。

那时染织厂所用原料纱线多是东西洋的来路货，刘国钧为从根本上解决染织用纱问题，就集资在靖江生祠镇河南开设“公裕土纱布厂”，到新港、斜桥等产棉区收购新皮棉发给农户，纺成土纱，再由公裕厂打包成件，运到江南出售。公裕厂创设后，产销两旺，后因第一次世界大战停止，西方国家又将大量纱布输华倾销，所以公裕厂未能长久办下去，但它是在靖开辟纱厂业的先声。

1917 年，经过一番筹划，刘国钧与徐品章、陆友仁各出资 1 万元在靖江生祠堂创办“公裕土纱布厂”，1918 年夏建成投产，成为靖江最早的布厂。

善餘染織廠

靖江手工染织业生活合作社，由创始人陶振熙于1929年开办，采用士林颜料染布，色泽鲜艳，深受泰兴、如皋乃至苏南等地群众欢迎。陶振熙出生于靖江生祠镇北的陶家村，他12岁时父亡家贫，小学毕业后无力继续求学，由伯父介绍到常州奔牛镇万和祥洋货色布店学生意，后又至常州小南门外公信染织厂专学提花织物踏纸版排铁针，即花铃机，成绩冠其侪。

学成后，陶振熙被调到恒丰染织厂工作，后又进入广益机器染织第二厂（大成二厂）任织部主任。1929年他因病辞职回生祠镇，与好友至亲集得资金1400元，在生祠镇东街徐姓房屋内成立了生活合作社。合作社购置了脚踏机12台，还购买了木制整经机、手摇筒子、纡子机等，召集了本乡镇生熟手工30余人，陶振熙自任经理兼设计。生活合作社在当时的生祠是新兴行业，职工工作热情高涨，生产斜纹平布条格，日产20码布左右，全部自产自销。因为合作社产品精良，既不褪色，布面又紧密，经久耐用，同时不卖外货、不做劣货、不还价、不欠账、不抹零，所以深得用户欢迎，供不应求，邻近的泰兴、如皋等县来社批购订货者甚众，营业蒸蒸日上。

孤山的刘文澜是南通纺织专校毕业生，1932 年来参观合作社，认为其成绩不差。同时刘国钧与朱希武亦到社参观，看到该社生气蓬勃，认为其大有希望。于是大家有意帮助家乡振兴实业，即相约至常州大成二厂协商扩大组织，定名为“善余染织厂”。经合计，大家共集资 1.2 万元，由刘文澜任经理，陶振熙任副经理，改赁河南面朱房桥西首房屋 20 余间作厂房，添置脚踏机 24 台，连原有的共 36 台，手拉木机 20 台，职工增至 100 多人。在产品上，增加了花色品种，如有提花织物及条格府绸等，染料用色艳而不褪的士林颜料，其产品可与江阴历史悠久的染织大厂华澄产品媲美。因善余生产的布匹价廉物美，苏北各县来厂采购布匹的商号很多，就连苏南有些县也过江来采购布匹，营业十分兴旺。

善餘恆

1933年，善余染织厂经营成功后，部分股东本有扩厂的动议，但孤山的刘文澜认为生祠镇系乡村集镇，不及靖城交通便利，建议迁城扩大经营；陶振熙则认为生祠是该厂创始之地，不愿离开。经股东会讨论，厂一分为二，其一仍在生祠，称为“善余恒染织厂”，由陶振熙任经理；另一在靖城，取名为“善余昌染织厂”，由刘文澜任经理。善余昌厂设在西门外原人和茧行旧址，购置铁木电动织布机40台、格子机6台及正经同纬机等，原动用柴油引擎，专织平纹、斜纹、条格花式布匹，有男女职工100多人，开日夜班，产品新颖，营业兴旺。

1934年，善余恒厂的生产又有拓展。陶振熙集合资金1.8万元，由刘国钧在生祠镇柳家桥河南本宅造新楼房及平房20余间，作为工厂及营业部。当时，善余恒厂产品的花色品种日益增多，工人亦有100余人。门市部除出售自织的花色，又到常州大成二厂收集染过的零头布及原匹布做批发，生意兴盛。

1935年，刘国钧、陶振熙本拟在原址改电动花色织布机50台，因厂址关系未动工兴建。1936年又拟扩大生产经营，在生祠镇望岳桥东北首开办一家纺、织、染的全能厂，资金已大致筹备就绪，因全面抗战事起，未遂初衷。敌伪时期，善余恒厂房全遭拆毁，善余昌厂设备也遭到破坏，未能修理复工。

裕綸

靖江曾是产棉区，所产棉主要销往南通、江阴、常州、无锡等地纱厂。民间纺织素有传统，农闲时节，各个村里机声轧轧，家家户户都在纺纱织布。

1943年2月，刘子纯、祝文耀、蒋廷玉等筹备创办小型纱厂，联合无锡申新纱厂工程技术员、江阴华澄布厂经理徐舜年，无锡美丰布厂经理吴文轩，上海福新烟公司总经理丁厚卿、丁秋泉，上海大东烟公司经理陆德润等，投资中储券3万元，成立“裕纶纱厂”，商标为“马驼”。纱厂首先向上海升友机器厂订购新农式“超大牵伸”小型纺纱机256锭一套，即小型清花机1台、小型钢丝机2台、六眼并条机1台、单面摇纱机2台、128锭细纱机2台、手摇小打包机1台、16匹马力引擎1台和2.6小发电机1台。

当时日军控制奇紧，不许纺织机器出口，纱厂所购全套机器无法运出。刘子纯、荣炳渭等至沪奔走，找寻路径，经过相当长的时间，才找到当时上海的红人闻兰亭，由他引荐到日本驻上海领事馆进行疏通，以江阴华澄布厂旧机器修理的名义把搬出证签到手。1944年1月，全套机器由长江船运至江阴鹅鼻嘴，再运到八圩港，用炮艇拖进港口，始得安然抵厂。

厂房是靖城南门外岳王庙和节孝祠的房屋，总计有纱布车间6间、原动间2间及办公室、厨房、宿舍共12间。股东会推举刘子纯为经理，祝文耀为副经理，蒋廷玉为襄理，荣炳渭为厂长。纱厂招请技术员4名，清花是徐孟贵，条粗是耿林文，细摇是陈子庆，原动司机是陈阿毛；又到江阴招来部分熟手工人，培训本地男女工20余名。

1944年3月底，裕纶纱厂正式投入生产，每天日夜班生产16支纱半件。7月间各股东又投资中储券3万元，从上海永安铁工厂购进大型钢丝机、大型并条机、大型粗纱机、大型396锭细纱机各1台和单面摇纱机2台，再招收男女学徒20余人。纱厂成立董事会，选举股东丁厚卿为董事长。这时裕纶纱厂已拥有652纱锭，改纺19支纱，日产1件多。同年10月，经各股东同意，纱厂又斥资3万元，从上海永安铁工厂购进“阿煞利司”钢丝机、并条机、粗纱机、“泼立马”396锭细纱机、25匹马力引擎、2.6发电机各1台。为了增辟车间，厂里将办公室、物料间让出，又在两进房屋之间搭上天棚，并商得城南小学同意，让出教室3间，使整个车间面积达到400平方米。原棉仓库是租借的北门外羊市里陈惠山家房屋5间。这一阶段，厂里又招收男女学徒20余名，设备总数为1048锭，日产19支纱2件左右。

由于供不应求，同年12月28日，经理刘子纯在上海召开董事会议，决议续添3000锭，资金由各董事暂垫，纱锭投入生产3个月后，以棉纱折还。不料1945年元旦，纱厂被日军封闭，不但打断了3000锭的发展计划，而且原有的1048锭设备也遭到破坏。刘子纯和常务董事朱先营在上海、南通等地奔走，设法疏通关系。后经股东陆德润介绍，请出大生纱厂常务董事陆小波从中斡旋，数月后始得恢复生产。接着，厂里又增购毛坯三道清花机、“道勃生”六眼并条机、“泼拉脱”二道粗纱机、“泼拉脱”小打包机、50匹马力立式引擎各1台，“道勃生”梳棉木机、“煞克路三罗拉”320锭细纱机、单面摇纱机各2台，至此设备已有1688锭，日产20支纱2件半。因厂房不够用，再商得城南小学让出办公室和宿舍，搭了6间天棚做车间，扩建了引擎房2间、办公室楼屋3间、宿舍7间、厨房2间。在技术力量方面增加了技术员焦洪法、包品俊二人。正在裕纶纱厂欣欣向荣之时，1946年初国民党军进驻靖城，新四军奉令做战略转移。靖城被国民党占领后，裕纶厂被敲诈摧残，损失惨重；同时，国民党政府借用美援会名义，控制原棉以纱交换。在此情况下，苏南各股东主张迁厂或解散，刘子纯、祝文耀等不赞同，决心维持下去。后遭3年掠夺，元气殆尽，经多方努力，才幸得保存。

新中国成立后，裕纶厂犹如枯木逢春，但创伤甚巨，流动资金短缺，颇感困难。幸有党和政府的大力支持，始得周转，逐步前进。在党和政府的领导下，经历公私合营和改革开放，裕纶的变化可谓天翻地覆。

洪萬

明清时期，靖江农户所用布匹均为自纺自织自染。明正德初年（1506），附近沙洲有农户移居靖江，引进了一种蓝色的草，可与蔬菜同种，俗称“小缸青”，适用于染布，色深而不易褪。清宣统三年（1911），靖江出现首家土染坊，位于靖城，是当时靖江唯一的染坊，为农户自纺的土布加工染色。民国后期，靖江的染坊增至16家。至1950年，靖江已有染坊45家，其中靖城5家，其余分布于生祠、侯河、季市、柏木、太和等农村集镇。其中，位于原靖城西厢老街（今骥江西路）的洪万染坊，是靖城规模较大、知名度较高的染坊。

清末民初，靖城西厢男子穿对襟中装，妇女常穿宽袖掩臀大襟衫。辛亥革命以后，居民兴中山装、学生装，中西装并存。富裕家庭在胜利街棉布专卖店购买洋布、绸布、呢毛织品去成衣店加工，贫困家庭则买白布去西街洪万染坊染成蓝色、黑色再成衣。

洪万染坊有门面2间，门内柜台一端的黑漆招牌上书“洪万染坊”金字，招牌下方安放笔、墨、账本。来客加工布料，先登记编号，在白布的一角扣上有号码的布条，取布时对号领取。

染坊的里屋是染色间，配料、烧制、染色、甩水一条龙到底。此屋又黑又湿，颜料散发的气味特别难闻。后院用杉木搭成“口”字形架子，专供晾晒染过的色布。1941年，洪万染坊从德国进口宝蓝颜料，染出来的宝蓝布颜色鲜艳且不易褪色，深受青年男女喜爱。

西厢老街长200余米，有王记、范记、周记3爿杂货店。每隔五六十米一爿。杂货店主要经营日常生活必需品，包括酱、醋、糖、盐、酒，火油、火柴、洋烛、肥皂、香烟等，西厢人几十步之内就能买到杂货，既快捷又方便。有时钱不顺手，人们到任何杂货店都可赊欠几日。

小商小贩、小店小坊、小手工业者，林林总总，几十个行当，构成了靖城西厢的人间烟火。挑水、剃头、澡堂、茶座、染布、炸油条、做面饼、削竹筷……这些行业看似不起眼，实则与人和社会关系甚密，它们是西厢人的生活必需，互相联系，相互依存，在靖城西厢这片热土上，共同演绎着西厢人多姿多彩的生活。

鑫洪泰

旧时，季市的染坊有七八家之多，其中最出名的是鑫洪泰染坊。

鑫洪泰染坊又称陆家染坊，创办于民国初年。当时季市有一个叫陆汉文的人，对印染技术十分精通，在江阴华士镇一家染坊当技术员，负责业务指导。后来，几个季市同乡找到陆汉文，跟他商议：与其帮人家打工，倒不如我们自己回季市开一家染坊，省得离家别舍，又比打工赚钱多。陆汉文同意了。于是，他辞去江阴华士染坊的工作，回到家乡与舅子景春生以及 3 个同乡，每人筹资 200 银圆，合伙开办了鑫洪泰染坊。

鑫洪泰染坊建在季市粮管所后面，4 间门面房，坐北朝南，后面还有八九间屋。坐西朝东的是生产作坊，坐东朝西的是员工生活用房。门前界河边是晾晒场地，高约 10 米的细杉木搭成的“口”字形木架，上面横着竹竿，专门用于晾晒出缸的成品色布。作坊里的主要生产设备是十几只宜兴丁蜀镇出产的大釉陶缸，用砖围砌后从下面烧砻糠加热作染缸。

染坊的布料全是周边农村织的窄幅小土布（手工纺织的棉布）。染色用的颜料是从无锡和上海采购的，也有从德国进口的颜料，用此颜料染的布色泽鲜艳，且不易褪色，只是成本高。

成品色布主要有蓝布、黑布和蓝底白花的蓝印花布。蓝印花布单纯明朗、拙中见雅、清新悦目，很受群众欢迎。在机印花布传入中国以前，蓝印花布是中国城乡群众的主要衣被布料。

单色布染制工序简单，只要将染液配料后把白坯布投进染缸，然后反复搅拌使之均匀上色即可，而蓝印花布染起来较复杂。

染制蓝印花布先要制作花板。花板是染制蓝印花布的关键，被人们称为"蓝印花布的灵魂"。花板采用整张牛皮纸，在上面刷桐油，待阴干后再刷，如此反复，连续三遍。这时的牛皮纸已变得硬邦邦、有韧性，且不透水。然后，由刻花板的工匠在这种牛皮纸上雕刻，刻出诸如瓜果蔬菜、梅兰竹菊、凤穿牡丹、喜鹊登梅、鹤鹿同春、龙凤呈祥、狮子滚绣球、鲤鱼跳龙门等图案。图案以点成线，大小多变，以意写实，适度夸张。花板刻好后，再把黄豆粉和水调成糊状，把花板平放在白坯布上面。将已经调成糊状的黄豆粉用刷子蘸了涂抹在牛皮纸花板上，使之均匀地填于花纹的缝隙内，然后放在无阳光处阴干。阴干后再取下花板，让印好的布继续阴干，然后折叠起来，用小竹竿挑起，放进盛有蓝色染液的染缸。约一支烟的工夫，下缸的布已吸足了颜色，再从缸中把布捞起，放在晾布架上晾。晾干后轻轻地刮掉蓝布上的黄豆粉（黄豆粉不上色），白花就鲜明地显露出来了。印制蓝印花布的花板多为一套三板。一般衣料可用花板碎花排印，包袱布料、门帘布料须用角花板调换方向印制，被面则须用三板联印才可形成完整的图案。

鑫洪泰染坊生产的蓝印花布价廉物美，颇受顾客欢迎，市场销量很大。那时绸缎被面很贵，普通老百姓买不起，而蓝印花布美观大方，价格便宜，又具民族风格，普通老百姓都用这种花布做被面。农村姑娘出嫁也用这种花布缝制的棉被、围裙作嫁妆。农村妇女还喜欢用这种花布缝衣服，做头巾。如今，这种花布的土产工艺在本地已经绝传，而浙江乌镇等地仍在生产，成了当地颇受旅游者欢迎的名特产。

鑫洪泰染坊还有一种产品颇受消费者青睐，就是名闻如（皋）、泰（兴）、靖（江）的宝蓝布。生产宝蓝布的染料是从德国进口的，其配料特别，印染技术高超，操作严谨规范，各道工序一丝不苟，所以染出来的宝蓝布颜色鲜、不褪色。当时的年轻人都喜欢用这样的布料缝制衣服，觉得穿在身上时尚帅气，充满青春气息。

由于鑫洪泰染坊生意兴隆，引来众多商家效仿，一时间，季市办起了七八家染坊。比较出名的有东街刘泗源办的刘家染坊、石桥西黄湘甫办的黄家染坊、南街张裕兴办的元大染坊，还有张留安办的张家染坊等。当时季市的印染业在靖江独树一帜，产品远销大江南北。

赵玉甫大染坊

四墩子东街的赵玉甫大染坊，是四墩子较大的手工作坊之一。

赵玉甫大染坊是祖传家业。在洋布还没有传到偏僻小乡镇之前，人们平时所用的衣料、鞋料等布，都是自纺自织的土布。本色土布做被里、床单可以不用染色，但做鞋料、被面、窗帘、门帘等，都需要染上颜色才可用。所以，染坊就成了服务行业必不可少的一项。

染布是个繁重的体力活，又是个精细的技术活。它对配料、水温、投放颜料的比例和时间，以及搅拌、起缸、漂洗等一系列工序都有严格的规定。稍有偏差，染出来的布料就会有色泽偏差或花五杂六，达不到顾客的要求。轻则赔偿，重则砸了自己的招牌。所以操作师傅十分认真负责。

赵家大染坊有前后两进各3间高大瓦房。前屋作为店面房，放有样品柜台，兼接待加工顾客和存放加工布料，后屋作为家庭生活用房。两屋之间有一个宽阔的天井院子，院子中搭有天棚，遮挡雨水。院子两侧是高高的围墙，目的是避免烧碱气味影响左右邻居，只向空中散发。院子中间放置了不少不同规格的染缸，不同颜色的染缸归类单放，包括搅拌工具都不得混乱放置。

操作师傅是根据加工数量来决定配料比例的。由于烧碱的气味很大，周边的住户只要闻到烧碱味，就知道赵家染坊开工了。

作坊的对面有一块上百平方米的露天大晒场，是赵家专用的晒布场。场上设有不少高大木架，供晒布之用。晒布场南首是一条大河，河水清澈见底，方便染坊漂布。每到晒布时候，布坊有人整天守候，不准小孩和狗窜来窜去，以防弄脏了晒布。

20世纪中后期，洋布花布逐渐占据农村市场，农村手工织布少了，染布坊的生意慢慢淡了下来。赵玉甫将大染坊传给儿子赵华伦，赵华伦于20世纪60年代末离开四墩子，四墩子染坊就此停业。

趙華经青布印花

四墩子西街赵华经的“青布印花”技术，可算是印染行业中的一绝。

赵华经祖上就是以染布为生。父亲在他刚满月时便不幸去世，留下孤儿寡母靠祖传的一点儿家业度日。赵华经从小聪明过人，读过几年私塾，写得一手好字。长大成人后他对许多行业感兴趣，都琢磨着想试一下，而且一旦学了就一定要学成功才肯罢手。他文化水平虽不高，但有一股钻研的劲儿。这使他掌握了多门技术，成为后来自立门户的资本。赵华经继承和发展了祖辈的印染技术，并使“青布印花”成了自己的独门绝技。

过去在农村地区，洋布很少。人们穿衣用布，大多数是用自己种的棉花纺成棉纱，再用脚踏式土织布机织成土布，最后染色使用。但大染坊往往只染统一的颜色，染不出花样来，而农民们都希望被面、门帘等布上带点儿花式图样，才好看。赵华经就掌握了这项染布技术。

赵华经从小喜欢画画，他画的动物活灵活现，画的八仙和福禄寿星可以裱成中堂画轴对外卖。他利用自己的才能，在薄板和塑料板上画上花鸟图案，然后巧妙地用小刀雕出空心图，将空心图放置在需要印的土布上，抹上一层石膏；等石膏干了，将空心图板揭开，让石膏图粘留在布上；再将空心图板移放到其他空白土布上，继续抹上石膏。以此方法在布上合理地排布好各种石膏图，一幅床单布或窗帘布上就有了满幅的图案。等布上石膏干了，就将带有石膏的布料放入准备好的染缸里浸染，待布料出缸后，刮去粘在布上的石膏，一幅幅图案就显现出来，然后漂干布料，经太阳晒干，成品就好了。

赵家青布被单和窗帘布上印有不同的花样图案，有点子花、牡丹花、格子花、喜鹊花和各种鸟兽图等，很有特色，深得老百姓的喜爱。

等到城市里大批花洋布传到农村时，土布印花就不吃香了。

裕和園布店

四墩子街上最大的布店，是大桥西堍第一家坐北朝南、有 3 间门面的“裕和园布店”，布店老板叫仲兆宽。

在过去没有成衣出卖的时代，布店是老百姓最喜爱的地方，乡下人上街免不了要到布店逛一逛，看看有没有自家老人孩子做衣服需要的布料。由于那时布料的品种太多了，布店要根据百姓的喜好，随时能供应得上。条件好点儿的人家，平时积攒了各种布料，请上裁缝师傅到家量体裁衣，做上几天。条件再差的人家，一年四季也要给大人小孩添置少量新衣。所以，过去的布店库存量很足。

公私合营后，布店统一由供销社经营，裕和园布店的 3 间店面房由供销社统一安排，改成港西的南北货日用杂品店。

曹永康丝线店

在旧社会，绣花和做针线活是妇女最基本的技能。

那时稍有一点儿文化知识的妇女，在自己女儿长大成人的阶段，总要指导甚至强迫女孩子学习绣花、扎鞋底、做衣服等针线活，否则女方在成家时会被男方家看不起。所以，女孩子从小就开始学习绣花的基本功。

民间最普通的绣花，就是绣枕头套、绣兜肚、绣鞋面布等。花样图案可以自己选，丝线和绣花器具就要到丝线店里才能买到。这类店铺很稀少。

在四墩子就有这样一个专卖店，即坐落在北街的“曹永康丝线店”，专门经营绣花器具、绣花针和五颜六色的丝线。店内一排玻璃橱柜内，上、中两层玻璃隔板上，分别陈列着一盒一盒各种颜色的丝线样品，一束一束漂亮闪光的丝线任凭顾客挑选；各种规格的绣花用框架放置于橱柜的底层，供人选择。

老板曹永康的夫人清秀端庄，态度和蔼可亲，面对每一位来挑选绣花丝线的姑娘，都不厌其烦地帮她们介绍，顾客对此很满意。

由于这类店铺极少地方有，且曹家丝线质量好、价格合理，不少外埠顾客也闻讯赶来四墩子找丝线店购货。

公私合营后，丝线店便不开了，老板曹永康从事了其他职业。

绸布商店

1946 年，伴随着靖江商会的成立，同时组建了包含绸布业在内的 16 个同业公会。绸布业与南货业、粮食业、百货业成为靖江近现代私营商业中较为发达的行业。1950 年，靖江全县有绸布店 94 家。1950 年 3 月至 1952 年，随着国家贸易部各专业公司的建立，靖江先后成立粮食、百货、土产、花纱布、专卖等国营商业机构。1953—1956 年，经历了资本主义工商业的社会主义改造，国营商业在市场上的领导地位逐步确立。国营绸布商店因此成为一代人关于新衣穿着的共同回忆。

国营绸布商店，位于骥江西路老县政府大院大门西边，是靖江人添置新衣的重要去处。在那个商店很少售卖成衣的年代，人们换季或过年需要更新衣橱时，大多会选择到布店挑选心仪的布料，然后送到裁缝店量身定做。那些手巧的妇女则会买上几段布料，用陪嫁的缝纫机亲自为家人缝制新衣。因此，国营绸布商店成了人们时常光顾的地方。

店内的布料以棉布为主，高档的真丝、毛呢等面料则相对较少。颜色方面，大多是蓝、黑、灰等素雅的色系，既实用又耐看。然而，最吸引年轻姑娘们的，当数那些花色细碎、清新而不张扬的花布。她们会精心挑选，希望用自己的手艺，将这美丽图案化为身上的衣裳。

布匹整齐地排列在商店的橱柜里，等待顾客的挑选；一旦被看中，便会被搬到柜台上，由店员进行展示。店员用手抓住布头，用力一拉，布匹便在台面上欢快地滚动，发出咚咚的声音。随后，店员用一尺长的木尺量定尺寸，剪一个豁口，双手一扯，随着布料扯断发出的刺啦声，一块块布料便被精准地裁剪下来。

算账时，店员会收下顾客的钱和布票，夹在铁票夹上，然后用手中的木尺猛地一拨，票夹便沿着铅丝绳嗖地射向收银台。这一独特的结账方式，仿佛成了国营绸布商店的一大特色。

自北外

發行所

之模範商店

新運下列大批貨品

夏布附綢

用品

鎮江西外北大街

信義成綢緞號

夏令貨品

鞋帽与皮革业

皮革业

靖江的皮革行业起源可追溯至清末。民国时皮行开始发展，皮革鞣制技术也不断成熟，但仍有众多个体皮匠。鞋帽业在制作皮鞋、皮帽时，与皮革业组合成鞋帽皮革业，这一情况延续至新中国成立初期。

1956 年，靖城个体皮匠大都加入靖城服装社。1958 年，靖城鞋帽皮革厂建立，是年生产牛皮 600 张、皮鞋 5000 双。1962 年起，因皮源缺乏导致原材料不足，革制品产量下降，制革也一度歇业。1965 年该厂恢复生产，更名为靖江市皮革制线厂，1966 年起业绩逐步回升。1972 年，靖江市皮革制品厂建立，以制革、鞋帽为主，当年生产猪皮革 7 万张。1974 年，该厂与上海畜产进出口公司挂钩，定点生产外贸出口皮票夹。1979 年 4 月，该厂更名为靖江市皮革厂；11 月，制革车间被单独划出，成立靖江市制革厂，是年生产皮革 6.57 万张，主要生产出口票夹及皮鞋、皮服装，质量稳定提高，花色品种不断增加，是江苏省票夹出口重点企业。

至 1980 年，靖江全市相继建成侯河锦观皮鞋厂、孤山公社皮件厂、越江公社皮革制品厂、新丰公社皮件厂、柏木公社皮件厂等，主要生产皮鞋、皮手套、皮箱等。

1980—1983 年，靖江市制革厂创汇 222 万美元，主要经济指标在全省同行业中居首位。1984 年，其多用眼镜壳获国家金龙奖，多用眼镜公文包被评为江苏省优秀新产品。翌年，靖江市制革厂被江苏省政府命名为创汇出口先进单位。1985 年皮革产量为 47 万张，1987 年达到 55.6 万张。1987 年，根据国际市场皮革制品行情，厂里大力发展外贸生产，是年票夹出口量占全国 10%、全省 40%以上，销往 30 多个国家和地区。同年，靖江第一皮件厂建立，生产猪、羊皮票夹和多用眼镜壳、钥匙包等，销往英国、美国等国家及中国香港地区。至 1987 年，全县有皮革制品企业 11 家，职工 1464 人。其中，县办厂 2 家，职工 597 人；乡办厂 3 家，职工 516 人；村办厂 6 家，职工 351 人。

陆林记皮行

清光绪十二年（1886），生祠堂陆润祖开设“陆林记皮行”，这是有史可考的靖江皮革业的源头。不久，侯河市开设了2家皮行，专营制革，俗称“硝皮”。

靖江并不自产耕牛，也不设牛行，直至清末才由姚序镛捐领了首家牛行牌照。因此，靖江的皮革业以猪皮、羊皮为主要原材料。猪皮旧时常用于制作布鞋的皮质鞋底及皮带等产品，较少用于制作皮衣；羊皮因价格较为昂贵，一般鞣制后制成羊皮袄子。

以前，靖江的冬天远较现今寒冷，羊皮袄子便成为农村地区冬季保暖的最优选。直至20世纪90年代，农村地区仍可见到有农户身着羊皮袄子。陆林记皮行的诞生，大约是因为靖江旧时有冬季吃羊肉、过年杀年猪的习俗，出于猪皮、羊皮的集中收购需要而设立。

協同元鞋帽店

清光绪元年（1875），王金吾在靖城西门开设“协同元鞋帽店”，成为靖江历史记载中最早的鞋帽店。至宣统年间，该店由王金吾长子王时林继承，仍旧制作鞋帽，鞋以布鞋为主。

1927年，协同元鞋帽店开始制作皮鞋。此后，靖城内西天宝、礼宾、美华、新美华、盛同昌等鞋店相继开办，多制布鞋，兼制皮鞋。其中两爿店年产皮鞋200—300双。民国时期，个体皮匠多自制皮革，用于制作钉鞋、皮拖鞋等。

据统计，1950年靖江全县有鞋店6家，其中靖城、季市、太和各2家。1955年全县有皮匠303户，从业人员362人，主要制作皮底布鞋、皮拖鞋等。靖江服装社成立后，鞋帽店均并入其中。鞋帽业与皮革业组成鞋帽皮革产业，共同发展。

蒋金美鞋店

在靖江生祠镇东街，有一家历史悠久的店铺——蒋金美鞋店。店主蒋金美做鞋匠已近50个年头，凭着一腔热爱与坚持，成为这项手艺的坚守者。

蒋金美8岁就跟着父亲学手艺，23岁开始独立支撑门面了，默默坚守着这门老手艺。从意气风发的少年到两鬓斑白的老者，直至今日，她和丈夫依然搭档，一生专注的唯有一双布鞋。在这个狭小的店铺里，夫妻俩度过了大半辈子。每天早上坚持7点多开门，坐在临窗的位置，系上围裙，伴着吱吱呀呀的声响，开始一天的工作，直到日落西山。对传统手工艺人而言，手艺千般，没有一样不是熬出来的。经年累月，一针一线，她的手缝制了多少双鞋，蒋金美早已数不清了。

许多人会说，做一双布鞋有什么难的，殊不知，每一双鞋都是心力凝结，每一双鞋都是几十年的手艺和本事。无论机械如何发展，蒋金美始终这样静默地将巧妙匠心注入每一个独一无二的手工作品之中。

廣告

△發行所

信義成

粮食业

粮油加工与油饼厂

民国初，四墩子开办源万隆油米厂，以牛为动力加工油米，是靖江最早的私营工业。1920年，靖城鉴和油米厂以内燃机为动力，加工粮油。1926年，靖城开办泰来油米厂，以柴油机为动力做油米加工。翌年，泰兴宁界人张锡山在季市开办晋康油饼厂。1934年，柏木桥的卢国荣、毛筱庭、陶明德、王鸿发、张效良、侯鲁凤、戴元善、毛汝斌等与靖城的钱汉英、刘沛霖合资，在柏木桥创办恒兴油饼厂。至20世纪30年代末，四墩子的源万隆油米厂也改用内燃机为动力加工粮油。同时期，靖江还有土桥、大木桥的夏茂盛等4家油饼厂。

恒兴油饼厂是当时城东地区规模较大的油饼厂，产销两旺，供不应求，后来在厂内建了柏木桥农民仓库。关于恒兴油饼厂与农民仓库，还有一段颇为曲折的故事：卢国荣等人一共筹集了1万多元资金，购地建造了30多间厂房，购置80匹柴油引擎和钢磨，雇用司机与榨油工人20多人，1935年秋投产，自产自销兼代加工，卢国荣为经理，毛筱庭为协理，戴元善为会计。因基建与设备投资占用了大部分资金，流动资金周转不足，卢国荣等与时任国民党靖江县党部执委兼农场主任钱汉英、霖记钱庄老板刘沛霖商议后，借助钱、刘二人在省厅的关系，联名函请江苏省农民银行在靖江设立农民仓库。省农民银行很快同意，回复“已转饬江阴农分行在靖江筹设仓库”。江阴农分行派员来靖调查后，以不符合设立农仓条件为由，不予办理。钱、刘二人为此奔走省城，最终江阴农分行以贷款形式出资3000元，交靖江地方自办仓库，霖记钱庄作为担保，仓库定名为柏木桥农民仓库。1936年春，农民仓库正式成立，卢国荣为仓库主任，蔡克谦为会计，直接受农分行监督，仓库盈亏自负。但卢、毛等人借仓库假公济私，仓库经营不善。1937年夏7、8月间，恒兴油饼厂与柏木桥农民仓库均受日军侵华战争影响而倒闭，仓库仓储物资作为抵押清还贷款与利息，仅剩一部旧轧花机，东北军一个团部及江阴要塞炮兵团观察班进驻油饼厂，厂内职工皆被遣散。

1937年全面抗战初期，靖江全县大多数粮油加工厂因战乱停业。1943年，穗丰面粉厂在靖城创办，因面粉质次价高，难以销售，不久停办。新中国成立初，靖城地区主要有泰来、裕丰、惠农等4家私营油米厂。

1949年4月，泰州分区专署建设处投资开办季市油饼厂，为靖江首家全民所有制国营粮油加工工厂。1950年移交县供销社经营，更名地方国营第二加工厂，不久改称国营季市油厂。1950年，全县有私营油米厂11家、公营油米厂1家，共有职工199人，设备有内燃机12台、轧滚11副、米车13台、橡皮砻2台，月均加工饼41.58万片、大米1143吨。面粉则从外地调进。1957年，全县有新民碾米厂、民生碾米厂、季市油厂3家地方国有企业，以及靖江、生祠、西来、太和油厂与柏木、斜桥、东兴米厂 7 家公私合营企业。1958 年，江苏省人民政府将无锡茂新面粉厂旧磨粉设备调给靖江，县内复有面粉加工。1974 年，新民米厂以“金南风”稻为原料加工特级大米 3000 吨，由上海外贸部门出口至东南亚国家。至 20 世纪 70 年代末，靖江全县除新民、斜桥米厂和季市、生祠油厂，另设粮油加工点 15 个。

源萬隆

“源万隆油坊”是四墩子最早的榨油坊，由陈再善祖父于1860年左右创办，民国初年改名为“源万隆油米厂”，1940年左右被迫关闭。1943年重开后，更名为源恒丰油饼厂。

油坊初办阶段，轧豆用的大石磙据说是用13头老黄牛一齐拉着碾轧的。直到20世纪30年代末，油坊引进了德国造的立式内燃机（柴油机），才改用机器轧辊。四墩子西街的蔡凤岐，年轻时在上海川沙，经人推荐介绍到源万隆榨油坊工作，负责开柴油机，后来人们给蔡凤岐起了外号，叫作“蔡老鬼”。

所谓榨油，就是将成熟的大豆轧制成豆饼，在加压轧榨的过程中获得豆油，供人们食用，这种生产作坊就叫榨油坊。它采用的虽然是比较原始的榨油方式，但有自己一套完整的工具设备和工艺流程。

榨油的主要工具有鼓形铁榔头，大的有30斤重，小的有20斤重；直径2—3厘米、5米长的麻绳，用来捆扎豆饼；铁箍、篾箍，直径35厘米；蒸料的木桶和炒料的大铁锅；扇形稻草把，以及铁皮油槽、油缸。榨油的主要设备是硬木做的榨箱。此外，还有烧砻糠的大土灶、硬木做的木砖、扁锥形木楔子等。

榨油的工艺流程包括轧料、炒料、蒸料、踩饼、上榨箱、挤压、二次挤压、脱箱、卸箍、掀掉油草把等步骤。这一套流程下来需要五六个小时。

轧料：将干大豆用大轧辊轧扁成生料，储放在蒸料间大土灶旁边，等待下铁锅炒。

炒料：将生料倒入大铁锅内，热炒 10 分钟左右，去掉豆内的水分。

蒸料：将炒好的豆料倒在大蒸桶里，蒸到 80℃时倒出来。

踩饼：在蒸桶旁固定铁箍内加放两道竹制篾箍，篾箍内面对面铺上 2 只扇形稻草把，将蒸好的熟豆料定量倒入草把内，再将草把头合上，双脚站在草把上快速、使劲地踩。踩到一定程度后，把带有篾箍的豆饼放在硬木板上摞起来，每摞 30 只，再取一块木板两头夹紧，用粗麻绳捆好，将它整体倒放在榨箱里面等待挤压。

挤压：将木砖塞进榨箱两端，将檀木楔子插入木砖缝，再用大铁榔头对准木楔子往下锤，松了再加上一块檀木楔子，反复不停地锤打挤压，豆油就从豆饼里被榨出来，流到地坑内预先备好的油桶里。过一段时间再进行二次挤压，直到油尽为止。

五六个小时以后，一摞豆饼差不多就榨结束了。接着就是脱箱，再卸去豆饼外的篾箍，撕掉豆饼上的油草把，最后将豆饼摆放在一旁冷却入库。

榨油时对温度有一定要求，室温必须保证在 32℃—35℃。因此，榨油间门口须挂一块棉胎做的厚门帘子，以保证室内温度。一般情况下，榨油间的操作工人都是赤膊穿短裤干活的，很辛苦。

源万隆榨油坊后来由陈再善的父亲陈利生接管。

永祥泰

“永祥泰”是四墩子大商家孙保衡的油米坊商号。

19 世纪末，中国大地风云变幻，战乱四起，民不聊生。孙保衡率二弟孙保庆、三弟孙保林，从安徽大别山逃荒到四墩子。看到不少人从天南海北汇集到这里谋求生计，兄弟三人决定留在此地寻找生机。他们仗着自己身强力壮，不怕吃苦，就从贩卖小猪开始，维持生活。他们凭着努力拼搏，总算闯出了一条属于自己的发家之路。

后来，孙保衡眼看两个弟弟已长大成人，就安排他们各自砌房造屋，娶妻生子，自立门户，自主经营。

孙保衡长期走南闯北，增长了不少见识，从贩小猪到贩大猪，生意越做越大，积累的资本也越来越多。他发现上百头大猪经年累月养在家里，每天要喂很多饲料，而且需要很大的仓库储存大量的猪饲料，这让他有了自己加工猪饲料的想法，开油米坊是最佳的选择。

经过深思熟虑，他果断选择在四墩子大石桥北侧紧靠港边买了六七亩土地，并立即将在无锡学徒的二儿子孙二丙召回。在筹建厂房的同时，他于 1940 年夏从无锡购买了一台 12 匹马力的“和尚头大头车”柴油机和一台轧米机，聘用四墩子西街的技术师傅毕春林来负责开机和修理，还配套购买了一些其他应用设备。

不久，以加工猪饲料为主体的机米坊正式投产了。开始以自家加工为主，后来逐步对外开放，也帮助周边的老百姓加工生猪饲料，收取一定的加工手续费。待老百姓对机器加工有了新的认识，知道由机器取代手工碾磨的时代开始了，才放心大胆地对外开放稻谷等粮食的加工业务。

孙保衡在筹建加工猪饲料作坊的同时，紧跟着购进榨油打饼的一套设备，并投入生产，因为猪需要吃豆饼。加工粮食和榨油的两条线全部投产后，名副其实的“油米坊”正式面世。

1949 年渡江战役时，油米坊不但能为渡江大军大批量地加工大米，而且有小钢磨用于加工面粉。大军渡江时，该油米坊曾日夜加班为渡江部队加工大米和面粉等军粮，连续接受 4 批重要任务，都能准时完成。后来县里召开的支前表彰大会上，“永祥泰油米坊”得到了重点表扬，还获赠了一面锦旗，由太和乡干部郭顺章、耿太保带回给油米坊。

1949 年上半年，孙保衡正式挂牌“永祥泰油米坊”。1950 年春节，四墩子书法家蔡凤岐特亲书一副对联“永远开张业，祥祯启太和”，贴在永祥泰油米坊大门两侧，既暗合“永、祥”二字，又道出“永祥泰”的兴旺给四墩子的发展带来的影响。

随着油米坊名声的扩大，南到江阴、利港、圩塘，北到泰兴、如皋，都有客人前来加工米油。农忙季节时，门口大港内船来船往，客户络绎不绝。

为了扩大生产规模，1952 年永祥泰油米坊的 12 匹柴油机换成了 24 匹柴油机，工人最多时有 37 人。孙二丙主管油米坊，经营有方，生意兴隆。油坊门口的人力车、小推车和挑着担的老百姓经常排成长龙等候加工。若遇到个别百姓家粮食没晒干，不好加工，孙家还主动提供场地，让其晒干以后再行加工。作坊后院还搭有临时宿舍，若远途客商加工量大，当天赶不回家，可以临时免费住下，等待加工完毕再走。

1956 年以后，国家对私有制工业实行社会主义改造，永祥泰油米坊顺应形势，接受了公私合营的改编，自此，永祥泰油米坊更名为公私合营靖江太和油米厂，加工经营方式不变，继续为地方百姓服务。孙二丙作为私方代表，担任油米厂副厂长，仍主管生产经营。因工作需要，1956 年左右孙二丙被上级调往礼士桥民生米厂任厂长，重点是为了扩大面粉生产线。1982 年，孙二丙被选为靖江政协委员，1984 年被增选为县人大代表。

关于“永祥泰”创办人孙保衡的发家史，民间还有另外一种说法。

抗战时期，江南不少富豪人家在举家逃难时，大量变卖收藏的古董、玩物、字画等。孙保衡看出其中奥妙，将从苏北贩往江南的一船大猪所卖的钱，全部用于在江南各处廉价收买的古玩字画等，3 个月不曾回家，家人一度以为他在战乱中遇难。3 个月后，孙保衡带回了一船的古董、花瓶、字画等，之后到处找行家变卖，从中狠赚了一大笔钱，有了雄厚的资本，才开始考虑转行办油米坊。

1952—1953 年，四墩子西面新二圩钱广生、钱林生兄弟 3 人在四墩子东街源万隆油坊的原址上，创办了“源恒丰油米坊”。因为老油坊地方宽敞，还留有部分房屋，略为修整后即可办厂。

钱广生自己当老板，购置了全新的柴油机等加工设备，其规模不小于港西孙二丙的“永祥泰”，它全面服务于四墩子夹港东半片老百姓的粮油加工，也减轻了“永祥泰”的压力，对四墩子东街的繁荣起了十分重要的推动作用。

1956 年公私合营期间，靖江工业系统正在筹办“靖江通用机械厂”，主管工业的领导经过考察调研，看中了钱广生这个技术人才，以及他所拥有的柴油机发电设备，最终研究决定将四墩子源恒丰油米坊连人带设备全部并入靖江通用机械厂。而四墩子还有“永祥泰”，不至于影响农民加工粮油。钱广生等人也就成为靖江通用机械厂的第一批创业者。

由于四墩子集镇上被划归城镇居民户口的人数较多，是除靖城镇以外的第二大居民区，都吃国家固定供应的粮油，亟须筹建一个集中供粮的场所。源恒丰油米坊的搬迁，正好留出了一个建粮仓的绝佳场所——现成的水泥地，现成的房屋。于是，油米坊老址被改造成国营太和粮管所，钱元龙任所长。

从此，太和粮管所也成了四墩子人民不可缺少的生活依靠，伴随着四墩子老百姓度过了几十个春秋。

東興老豆腐

靖江人爱吃豆腐，尤其偏爱东兴老豆腐。

东兴老豆腐历经几十年的技艺沉淀，延续着老豆腐的独特美味。豆腐各地皆有，但唯独东兴老豆腐在靖江最有名气，弹牙温润。凡到东兴的食客，必点烧豆腐，且柔且韧，豆香浓郁，爽口、味美、价廉。不论是青菜烧豆腐、清水煮豆腐、大烧豆腐，还是豆腐与其他菜类搭配，较之别处都另有一番风味。

东兴老豆腐用黄豆加工而成，制作讲究“精”而“专”。精，是指选料要精，要一粒粒地精选上等黄豆，不允许有一点儿杂质。专，是说技术要专，这里指“点”卤水的技术。俗话说：“卤水点豆腐，一物降一物。”东兴老豆腐之所以弹牙温润、且柔且韧，关键在于对点卤分寸的把握。欠了，少了韧性，就成为稀稀薄薄的豆腐脑；过了，就太“老”了，没有入口即化的柔嫩滑爽。“点”的技巧与火候，颇有些点石成金的神秘，实则是熟能生巧。

东兴老豆腐店制作豆腐，选料考究，工艺独特，要经过选豆、晒豆、去皮、浸泡等工序，以及打磨、烫豆沫、提取豆浆、煮豆浆、点入石膏水、分汁、压实和冷却等多道复杂工艺。烧浆坚决用草木灰不用煤，坚决用土灶台不用电灶台，坚决用盐卤不用石膏。从挑选豆子开始，到一块冷却后的豆腐呈现在眼前，须耗时10余个小时。

蒋茂林豆腐店

蒋茂林豆腐店是四墩子东街最大的豆腐店，也可以叫豆腐作坊。

新中国成立前，蒋茂林的父亲是开铁匠店的，蒋茂林成家以后就改磨豆腐了。俗话说："世间有三苦，撑船、打铁、磨豆腐。"蒋家从打铁转为磨豆腐，可以说是吃苦耐劳的典范。至于为何从打铁转为磨豆腐，这已成了蒋家的秘辛，外人不得而知。磨豆腐虽然辛苦，但维持生活还是可以的。而且磨豆腐本来就需要许多帮手，蒋家人手多，正符合这样的条件。

要制作完成一箱成品豆腐，前后要经过不少工序。买回来的生黄豆首先要筛选，不好的豆磨不出浆，必须剔除。然后经过浸泡、磨浆、扯浆（将豆腐渣去掉）、煮浆、点卤、上箱、压箱等过程，最后脱箱才是成品豆腐。每一步都得精心操作，不得有半点儿马虎。如果改用豆饼做豆腐，还要增加手工刨饼这项工序。当然，做百叶豆腐要一张一张浇浆，更麻烦。

蒋家就在街面上，豆腐脱箱后只要搁在大门口，就有人上门来买。

因为四墩子区域人口多，蒋家的豆腐不够卖，所以后来东街邱老二家、北街冯老四家、如来庵钱万林家都开了豆腐坊，以弥补供应之不足。不过，它们的规模不如蒋茂林豆腐店大，蒋家上午下午都做豆腐。

公私合营后，改用豆饼磨豆腐，定量供应，集镇上的居民要凭豆腐票购买。供销社将原料豆饼和计划票证交由蒋茂林豆腐店总负责，由蒋茂林按计划分给其他豆腐坊。供销社、农具厂等集体单位食堂用的豆腐，都指定由蒋茂林豆腐店供应，这也使蒋家有了部分固定收入。

磨豆腐很辛苦，因为都是手工推磨。夏天被蚊虫咬着，手也不能停；冬天一大早起床，在水中操作，手都冻僵了。但一切为了生活，工作还要一天天干下去。

趙仁和粉皮店

四墩子北街有一家赵仁和粉皮店，在孙保林酱园店北隔壁。

粉皮是一年四季都可以卖的素食类产品。虽然街上还有戴立基等几家也在做粉皮，但赵仁和家做粉皮是最专业、质量最好的。

做粉皮的原材料是山芋（红薯）、绿豆经加工而成的固体状淀粉块，俗称“粉砣子”。将“粉砣子”买回来以后，按一定的比例投入烧开的热水中，搅拌成糊状。做粉皮需要好几只薄铁皮平底盘子，周边有一圈约 2 厘米高的边框，还必须在灶膛边备好一只放满凉水的大口径水缸。搅拌粉皮原料的灶膛不能熄火，只有保持高温才不会使锅内糊状淀粉快速凝固。

制作师傅要看好锅内糊状淀粉，到好用的程度，用勺子定量盛出，倒入铁皮盘子中，然后立即将盘子放入冷水缸内，用手飞快地旋转盘子，使倒进去的淀粉糊能均匀地分布在盘子底部，同时能让它快速降温，使糊凝成皮。看凉到一定程度，师傅迅速拿起盘子，倒扣在手背上，手指头沿盘底边沿轻轻一剥，一张轻薄晶亮的粉皮就躺在手背上了。为了剥粉皮方便，盘底还要随时刷点食油。然后小心地将粉皮放置在专门器具内，准备出售。

因为制作师傅要同时生产许多张粉皮，所以需要同时操作几只盘子，动作要熟练迅速，掌握好火候和温度，倒糊、转盘、冷却、剥离都要一气呵成。动作慢一点儿，粉皮就会厚薄不均，甚至剥不下盘。手艺好的师傅，做出来的粉皮厚薄一致，品相迎人。

餐饮业

靖江羊肉

靖江人历来喜吃炖羊肉，始于何时已不可考，靖江羊市原先均散落于乡间，每至秋冬季节应时而开。靖江羊市属季节性市场，每年霜降前后开业，冬至左右歇业，主要随庙会、农贸集市进行交易。20世纪80年代后，靖江对羊的需求增大，不仅由饮食服务公司从盐城、大丰及安徽等地调入羊只应市，周边海安、如皋等地羊商也运羊至西来镇专卖，西来形成靖江唯一的专业羊市。

靖江的羊肉店，每年农历九月初开业，至农历腊月底前歇业，只做秋冬两季，其时羊肉最肥最嫩，吃羊肉喝羊汤也最滋补。靖江的羊肉烹饪，从买活羊到宰杀直至蒸煮，都很有讲究。

首先，选羊有要求。春天时阉割过的小羊，以草料饲养，长到秋冬时又肥又大，尤以江边羊肉质为佳，羊肉鲜嫩可口，无腥臊味。切不可收“骚胖羊”，因其腥臊味重。

其次，杀羊处理要注意。放血时羊血容器要干净，羊血汤才能鲜嫩干净。宰杀后无论是刮毛还是剥皮，开腔时都要把握好不要碰破肠胃，内腔处理必须十分干净。羊肝、羊脑、羊腰子等都要分类放置。

最后，烹饪有技巧。处理干净的羊肉下锅㸆煮、撇油、起锅，都要严格掌握好火候，起锅后趁热时要迅速拆骨、分类、装盘、冷冻，时间一过，拆骨困难。传统煮㸆，是放在加有高木圈的大铁锅内进行。大铁锅上的木圈上好的杉木板一块一块拼接起来的，上口径小，可加锅盖，下口锅桶连接处由箍桶匠师傅用特殊连接方式，使木圈与铁锅缝密封好，绝不会外渗汤水。木桶保温性能好，不易散热，可以确保羊汤长时间内不冷却。通常仅靠一只铁锅装不下整只羊肉，也存不下大量的羊汤，必须有加高的木圈才能保证足够的容量。所以民间都认可，用木桶锅煮出来的羊肉，才是正宗货。

羊肉羊杂的传统吃法有很多。冷切羊肉是传统，炒菜有炒羊肝、炒羊腰片、烧羊脑花、炒羊肚，还有羊血烧豆腐、羊肉烧鳜鱼（沙上人叫羊肉烧纪婆子）、红烧羊肉，等等。

清末以来，孤山向以善烹羊肉最负盛名。新中国成立后，孤山的桑木桥与新桥太和高山桥、西来土桥成为靖江较为闻名的“羊肉三桥”，孤山、西来的冷切羊肉、羊肉汤，四墩子的羊肉汤以及闻名四方的红烧羊肉，成为靖江羊肉的代表。三地较为著名的羊肉店有孤山的桑木桥羊肉店、黄氏羊肉店，新桥太和四墩子一带的屈氏羊肉店、高山桥羊肉店，以及西来土桥一带的缪家埭羊肉店。

桑木桥羊肉店，始于20世纪二三十年代。家住桑木桥东面顾家埭的顾孝忠之父，每到冬天，便举家制作羊肉，用自家饲养或从附近农家收购的两年以内羊龄本地山羊，宰杀将肉浸泡1—2天，漂净的羊肉加白萝卜、大葱、姜、酒、盐等一道烧煮，再将㸆好的羊肉取出卷好，到孤山街上出售，并将㸆好的羊汤适量分给买主。羊肉制作的菜肴有冷切羊肉、手撕羊瓜儿、大蒜羊肝、红焖羊肉、红烧羊眼、芦蒿羊肉丝、提汤羊前夹、酸汤羊血肚、羊丸炖豆腐、孜然羊排骨、白汤羊头颅等10余种。羊肉肉质肥嫩，鲜而不膻，肥而不腻；羊肉汤质地浓稠，羊肉酥烂，羊肝酥嫩；白汤羊头颅、孜然羊排骨、酸汤羊血肚，均色泽诱人，美味可口。著名美食家蔡澜曾品赏桑木桥羊肉店的羊肉，赞不绝口。

黄氏羊肉店，最早为孤山东侧典当埭北侧陈家湾埭的黄秀华承祖业而开设于埭头的小店。据传，从前陈家湾埭几乎家家会宰羊烹羊，常为典当埭刘姓地主宰羊，下水则留下自用，烤羊汤、炒羊肝腰脑等自有秘诀。黄秀华之子黄平接手羊肉店后，于20世纪90年代移址姜八路南煤矿路边，改名“小黄羊肉店”。冷切羊肉咸淡相宜、肉鲜软糯，羊肉汤白似乳、味鲜肉嫩，成为店内经典菜品，吸引食客众多；其他传统羊肉菜品如炒羊肝腰脑、羊血豆腐、红烧羊眼等亦不稍逊。经年累月，声名日显，其冷切羊肉经真空包装后远销南京、上海等地。

屈氏羊肉店，由屈长盛创设于清末，是“四墩子羊肉”（又称“太和羊肉”）历史最悠久的老字号，也是四墩子传统美食的首选。据屈氏后裔介绍，屈长盛原居于苏州常熟，主业是贩卖山羊。受苏州人冬天喜吃羊肉、喝羊汤启发，1900年，屈长盛在儿子屈湘福15岁时，看中四墩子一带江滩边山羊品质高且货源充足，便移居到靖江四墩子东街，开办羊肉店。后传子屈湘福（小名屈老金），称“屈老金羊肉店”“屈湘福羊肉店”；屈湘福再传子屈锁章，然而屈锁章因病早逝，屈湘福又传孙屈春生。受屈老金羊肉店的影响，四墩子东、西、北三条主街相继开有朱积小羊肉店、戴立基羊肉店、夏章保羊肉店、耿朋根羊肉店等，西街上的戴立基羊肉店名气仅次于屈家羊肉店，连规模较大的常赞堂饭店、沙裕泰饭店冬天也开始增卖羊肉。高山桥也有豁牙子羊肉、大眼睛羊肉等店。到 20 世纪 70 年代中期，屈春生之子屈学根入伍当兵，屈氏羊肉店断了传承。倒是旁支东街的刘正山、倪正林学习和继承了屈家几代做羊肉的技艺和优良传统，开起了羊肉店。刘正山得其真传，传弟子张年年，张年年再传子张礼文；倪正林则传艺给侄儿倪治平，后再传下一代。几代传承下来，“四墩子羊肉”“太和羊肉”名声大噪。

缪家埭羊肉店，是西来镇土桥一带最负盛名的羊肉店。缪家埭位于敦义村，该村历来有养羊的传统，原本只供应乡村羊肉店。新中国成立后，缪家埭开始自养自宰，自做羊肉销售，土桥羊肉逐渐成名。20 世纪 70 年代冬，缪家埭的羊肉产业已较为成熟，收羊、宰杀、制作加工、出售等各流程均有。20 世纪 80 年代起，在西来界河桥边形成靖江唯一而著名的羊市，令缪家埭的羊肉产业迅猛发展。缪家埭羊肉在实践摸索中总结出羊肉烹饪的诀窍：羊肉烀好后，再用白酒、生姜、胡葱等配成一种特殊作料，给羊肉“定型”，可称一绝。羊肉拆骨后的羊骨，常由孩子们分享，其中有一个孩子名朱章其，从杀羊起家，后来创立骥洋食品厂，成为缪家埭自己的“羊老板”。

邢長興

清光绪年间，靖城人邢三祥在西门外北侧开了一家羊肉小吃店，专卖羊肉血肚汤。食客多数是隆门、隆安客栈的旅客，也有跑单帮的。邢三祥虽然是小本经营，但他十分注重菜品质量，烹制的羊肉菜肴鲜而不腻，回头客络绎不绝，小吃店的生意越来越红火。

清末民初，邢三祥将羊肉店传给儿子邢长明。邢长明在继承了父亲邢三祥厨艺的基础上，又摸索出一套羊肉菜肴的制作程序，即守好“三关”。首先是宰杀关，选羊时一定要选本地长江边的爬坡母羊，这种羊个头壮实，肉质肥而不腻。宰杀也很有讲究，不得穿嗓，不能让羊伸脚，要一下子戳死。否则，肠子里粪便倒流，羊肉的味道大打折扣。其次是漂洗关，宰杀好的羊肉要漂水 12 小时，且中途得换一次水。只有这样，烧出来的羊肉才没有羊膻味。第三关是烹制关，邢长明在传承中创新，生炒羊肉清爽滑嫩，红烧羊肉酥烂醇香，白汤羊肉清如白乳，冷切羊肉细腻可口。羊肉店在城区渐渐小有名气，食客往往要排队才能一饱口福。

新中国成立前，邢长明将羊肉店传给了儿子邢天锡，邢天锡成为羊肉店第三代传人。邢天锡接手后，给羊肉店取名“邢长兴”，意即“长久兴旺”。邢天锡事必躬亲，从采购、宰杀到烹制均亲自把关，亲自掌勺。他做事讲究独特——以独特的眼光，从独特的角度取料，佐以独特的配料，用独特的工艺，烧出独特的味道，赋以独一无二的菜名。

邢长兴羊肉店最早有3个名菜：红烧羊肉、白汤羊肉和羊肝腰脑。尤其是羊肝腰脑，邢天锡在调料的搭配、火候的把握和制作流程上做了一番精心的研究，使烹制出的羊肝腰脑鲜香滑嫩，食客赞不绝口。还有一道菜叫“龙眼滚珠”，即蒸烧羊眼，系邢天锡独创，鲜嫩韧性皆具，久食生津补胃，明目健脾。此菜以羊眼为主料，以虾仁、蛋清做辅料，佐以葱丝、姜末、黄酒、猪油、精盐、香油、鸡汤。制作时先挖去羊眼黑眼球，塞入糊状虾仁，嵌入樱桃肉，四边放上虾肉球，笼蒸12分钟即成。此菜状如珠滚玉盘，白中露彩，肉有韧性，鲜嫩爽口。后来，邢天锡又做了一些创新，如生炒羊肉丝、鳜鱼羊肉、鱼香羊眼、羊口条、羊腿等，进而开发了靖江“羊肉宴”。

新中国成立后，邢长兴羊肉店的发展进入鼎盛时期，邢天锡也成为靖江烹饪界的翘楚。他曾先后到福建省及上海、南京、扬州、镇江等市传授技艺，受到热烈欢迎。很多外地人正是通过品尝邢长兴羊肉店的美味佳肴，了解了靖江的饮食文化，从而提高了靖江美食的知名度和美誉度。

“提汤羊腿”也是邢长兴羊肉店的招牌菜之一，即取羊肉汤的精华汤料，讲究汤清味醇，鲜香味美；选用本地山羊做原料，制作精细，工序繁复；汤清、味美、肉精、脂少、易消化、膻味轻，兼有暖中补虚、开胃健身之功效，深受顾客青睐。

“鳜鱼羊肉”是邢长兴羊肉店的又一道经典菜肴，鳜鱼肉质鲜嫩、醇厚，以五花熟羊肉佐之，以鲜见长，别有风味。烹制时先去除鳜鱼头尾，取中段切成方块，入油锅略炸，倒入葱、姜、料酒，加少许清水，烧开后改微火焖 8 分钟，再推入羊肉块，置旺火收膏后即成。此菜鱼鲜肉嫩，清香适口，鱼羊合璧，堪称双绝。凡吃过这道菜肴的食客无不为之倾倒。

“全羊席”更是邢长兴羊肉店菜品中的经典之作。一只羊到了店里，经过煎、炸、熘、炒、烧、焖、炖，即可变成 40 多道色、香、味形各异的全羊席，光听菜名就足以让食客叹为观止，品一下菜肴，更让食客口舌生香，大快朵颐。

邢长兴羊肉，仅仅是靖江美食的冰山一角。诗句“清酒一樽馈亲友，羊羔醇真暖人心”，对靖江人喜吃羊肉进行了生动描绘。据传清末状元南通张謇曾来靖江，在邢长兴羊肉店品尝后，同样赞不绝口。新中国成立后，港澳同胞亦多次来靖，邢长兴羊肉也给他们留下了深刻的印象。

靖江蟹黄湯包

靖江汤包天下鲜。相传，靖江蟹黄汤包由汤老二创始于清乾隆年间，汤老二也被民间尊为靖江蟹黄汤包的“祖师爷”。靖江民间流传有“乾隆皇帝吃汤包——甩到半背”的俗语。据说乾隆来靖江，是当时靖江县令马兆鳌请其在扬州当知府的姐夫从中斡旋的，乾隆下江南到达扬州后，改道靖江渡江至江南，在靖江停留并品尝了芦场港的玉爪蟹，阴差阳错之下，汤老二用鸡汤、猪肉、玉爪蟹、面粉首创制成了蟹黄汤包。

蟹黄汤包的制作技艺，自汤老二首创后，以靖江姚氏和刘氏两大家族的传承为主。清光绪七年（1881），靖城仅有刘云龙、姚龙盛两家点心店。姚氏汤包自先祖姚成传下，至第八代姚龙盛（俗称姚老五）后，因改做姚老五烧饼店而断代，此后数十年间几乎未出现姚姓汤包师傅。刘氏汤包则十分兴旺，后来又从家族传承改为师徒传承。民国时期的“双妹牌”汤包和“白娘娘”汤包，均为刘氏外姓传人所创：“双妹”是指刘氏第四代传人刘小山的两个徒弟李水妹、李小妹，“白娘娘”创始人刘夏氏是刘氏第九代嫡系传人刘家隆的儿媳。民国时，“双妹牌”汤包、邢长兴羊肉和“乔奶奶的馄饨”在靖城最负盛名。当时还有 4 家汤包店也较为有名：民众教育馆内的民众荣社与馆对门的吴永兴点心店、察院弄的“公正和”点心店与姚老五点心店。除姚老五，其他几家店的汤包师傅几乎都是刘氏传人，如刘庆宝、刘顺宝，刘庆宝带的首批徒弟孙锦章、江吉星等，后来也成为汤包名师。

新中国成立初期，国家实行计划经济，汤包制作的原材料均纳入国家统购统销范畴，餐饮均由国营饭店经营。国有企业靖江饭店（又称总部饭店）获特许经营汤包，且须预订才能供货。总部饭店的汤包师傅便是刘庆宝、刘顺宝所带的首批徒弟，其后又带出第二代、第三代汤包名师，如万俊、侯月英、侯月华、郑彩琴、潘丽霞、蒋金芬、徐小雪、陶晋良、王斌、叶健等。

20 世纪 80 年代末，靖江城区除总部饭店，逐渐出现了若干民营汤包店，其中以时运酒楼、“摇头汤包”名气较大。总部饭店以“高大上”形象接待来客，时运酒楼则主打平民牌，由汤继泉（外号汤辣子）开设，价格公道，性价比很高。1988 年，汤继泉市场意识灵敏，看准靖江蟹黄汤包发展前景，潜心研究汤包技艺。一次，他与瞿福林、吴惠之等好友在袁顺康的饮食服务公司小吃部聚会时，点名让小吃部特别制作一笼装 2 只、4 只的大汤包品尝，发现传统 8 只笼装的汤包不及少量笼装的汤量充足。于是，汤继泉聘请刘顺宝徒孙为面点师，开设“映春园”饭店，改良汤包为笼装 6 只，保留了蟹黄汤包的传统风味，又增加了汤量，为靖江蟹黄汤包的创新发展做出了历史性的贡献。这一笼装制式也延续至今。

王二九蟹黄肉包

靖江盛产大闸蟹，蟹黄汤包远近闻名。而在西来镇，已有150多年制作历史的王二九蟹黄肉包也别具特色。当年，王二九在西来老街经营“也是居”包子铺，他制作的蟹黄肉包卖得最好，成为古镇西来最有名的包子品牌。后来，在20世纪60年代困难时期，食品匮乏，普通点心如烧饼、油条、包子、面糕等尚且供不应求，像蟹黄肉包这样既费工又昂贵的点心也就渐渐地不做了。

跟蟹黄汤包相比，王二九蟹黄肉包滋味迥然，讲究的是劲道和爽实，最大的特点是皮薄馅多、蟹黄满顶、肉质鲜美、营养颇足，不仅有猪肉的香味，更有蟹黄的鲜味，可谓鱼和熊掌两者兼得，而且选料精细，制作工艺严格，“真材实料成就好味道”是他们一贯坚守的制作原则。

王二九蟹黄肉包选取新鲜的上好五花肉，六分瘦、四分肥，剁碎、腌制，将鲜活肥美的淡水河蟹去壳，取新鲜蟹肉、蟹黄，用散养的老母鸡熬制鸡汤，鸡肉剁碎加入汤中，倒入干净的容器中冷却，凝固成皮冻，再加入精选的大白菜芯、特制的葱油搅拌均匀，使馅心清而不腻、稠而不油，独具螃蟹应有的天然风味。

制作时，首先，在高筋面粉中和入适当比例的油、温水，经面点师反复揉搓，用祖传的米酒发酵，掌握好温度和时间，让面团光滑有劲，制成的包子皮才能松软糯滑。其次，发酵好的面团搓成条，放小剂。用擀面杖搓成四面薄、中间略厚的面皮。接着就是包馅，馅心的多少在老师傅眼里有一定的标准，馅心不能太少，也不能太多。每个包子折出的褶皱细巧而均匀。封口剂头小，收口紧，没有裂口。最后就好上笼蒸制了，包好的蟹黄肉包放在抹过油的笼垫上，防止粘连，在上足气的锅上蒸 10 分钟。蒸包子的时间不能有误差，师傅必须专心致志、心无旁骛，这样蒸出来的蟹黄肉包，整个儿恰如一朵饱满圆润、千瓣紧裹、含苞欲开的玉菊。

刚出笼的蟹黄肉包通体白净，微微透出蟹黄；咬上一口，蟹香、肉香、面香完美融合。这么好吃的包子真是打嘴巴子也不肯丢，难怪被西来人心心念念，称其为包子中的“老字号”！

姚老五

姚老五即姚龙盛，靖江蟹黄汤包姚氏第八代传人。靖城西厢人善于捕捉商机，姚老五得知饭馆高档宴席需要供应点心，便在西厢开办了点心店，主营包烧饼，另有方饼、草鞋底等。

早上，店里加工销售芝麻方饼、锅块、草鞋底，供应西厢人早点。方饼长方形，巴掌大小；锅块棱形，两头尖；“草鞋底”椭圆形，像鞋垫。刚出炉的面饼又香又脆，特别上口。中午加工包烧饼。此饼特点“酥”，口感奇好，秘诀就在“擦酥”的制作上。功夫深，擦酥才能均匀、纯熟。姚老五擦酥时一丝不苟，从不让徒弟换手。一叠面团放在案台上，和油，加小苏打，反复走锤碾压。面皮有筋牢后搓成圆形，再摘成若干小面团，用木槌碾成月饼大小的面皮。木槌像农村的石碾子，中间穿一根木棒，碾压面皮时可忽轻忽重。姚老五两手熟络，木槌在面皮上滚动自如，案板上不时发出节奏感特强的嗒啦嗒啦声。西厢人闻声便知姚老五在做包烧饼，手头宽裕的人已做好购买的准备。

姚老五碾压的面皮厚薄、大小一致，如同一个模子刻出来的。面皮包上蟹肉、猪肉熬制而成的馅心，表面撒上芝麻后即可烘烤，烤炉散发出的阵阵芝麻香、肉香独特诱人。此饼出炉后趁热小口品尝，令人如痴如醉，香脆而不散，油多而不腻。包烧饼除按饭馆预订数供货，余下少量的则售给散客。

姚老五烧饼店门前固定放一只大烘炉，烘炉圆形，直径约1米，外围用木板箍成桶状，桶内有炉坑、炉桥、炉膛。门内搁置一块又长又宽的木质案板，一端放一团面皮和散装的面粉，一端有两只瓷盆，内装黑白两种芝麻。白芝麻好看，黑芝麻香，供顾客任意挑选。

姚老五的传人人称姚老三，接手时已40多岁。他从不带学徒，只售普通烧饼，整天忙忙碌碌，一会儿上案板做面饼，一会儿靠桶炉贴面饼。炉膛里炭火红通通，他光着臂膀把一块块面饼既快又准地贴在膛壁上，数分钟后再用鸭嘴火钳一块块夹出。一进一出，两手与高温打交道，犹如火中取栗，功夫了得。姚老三几乎常年裸露着红红的双臂，邻居开玩笑说他练成了“铁砂掌”。

謝興記

清中期起，靖城西厢逐步出现小吃店、馄饨店、饭馆等“夫妻店”，后来城内各处陆续出现饭菜馆。同样创办于清代中期的，有靖城东街口的谢兴记饭馆，招牌菜“烧老肉”，也叫“烧腊肉”“烧卤肉”，远近闻名。“烧老肉”是“猪什”（俗称“猪下脚”）烧制而成。丑怪的猪头、紫红的舌头、毛黑的猪脚、恶臭的大肠，经厨师清洗处理，佐料红烧，色殷红纯正，味香而诱人。每天傍晚起锅出摊，一股“烧老肉”独有的香味扑向街心，向西街蔓延。

此时，总有人闻香而脚痒，一手端碗，一手捏钱，兴冲冲直奔东街而去。目光扫了一下肉摊，不是点几块猪头肉、几段大肠，就是点几条猪耳朵、几片猪肝。内行人说，这叫花巧钱买杂配、尝杂味。饭馆老板说，这叫吃得“精明”。常常在大人们酒过三巡，有些醉意时，小孩子便“偷”吃几块，那瞬间的感觉——爽。猪头肉肥而不腻，猪耳朵脆而耐嚼，猪肝香而爽口。

谢兴记饭馆门外设肉摊，门内有 6 张八仙桌，供酒席之用。高档宴席常用菜肴有“六驮六”（6 道冷盆、6 道炒菜、6 道大菜，外加 4 道水果、2 道点心），“八驮八”比“六驮六”各多 2 道菜、2 道点心。6 道大菜、4 道水果，8 道大菜、4 道水果，富商、士绅之间人来客往，常用口语“六驮四”“八驮四”点菜。高档宴席菜肴由大师级厨师烹制。中档宴席有“四六四”（4 冷、4 炒，6 个大菜）、“四大四”（4 冷、4 炒）。

谢兴记厨师的菜肴烹饪技艺兼有苏锡风味和维扬特色，红烧类讲究味甜、色红、酥烂、入味，炒菜类注重色鲜、味香、鲜嫩、爽口。

總部

在靖城老城十字路口东北角，有一座堪称地标的建筑——总部饭店。这家饭店不仅是靖江美食的代表，更是全县乃至周边地区餐饮界的翘楚。无论是商务宴请，还是家庭聚会，主人家选择在总部饭店请客吃饭，都足以体现其诚意和隆重。

总部饭店声名远扬，最出名的当数汤包。在计划经济时代，靖江蟹黄汤包的刘氏传人主要集中于总部饭店。那独特的蟹黄汤包，皮薄馅嫩，汤汁鲜美，每一口都仿佛是舌尖上的舞蹈，让人回味无穷。很长一段时间内，由于做汤包所需的面粉等食材实行计划配给，国营总部饭店成为全县唯一获许可经营蟹黄汤包的饭店。这样的稀缺性，使得这道美食更加珍贵，也更具吸引力。

为了一尝美味的汤包，食客们往往需要预订，并在当天起个大早来到店堂等候。他们耐心地等待，只为那一刹那的味蕾盛宴。往往要到晌午时分，当热腾腾的汤包端上桌，那份等待才化为满足与幸福。这不仅是客人味蕾的极大满足，更是主人面子的极致展现。

总部饭店的地位与声誉，不仅仅是因为它的美味佳肴，更在于它所承载的文化与情感。每一次的光临，每一次的品尝，都仿佛是在与靖江的历史和文化进行一场深情的对话。在这里，人们不仅能够享受到美食带来的愉悦，更能够感受到一种归属感与自豪感，品味属于靖江的味道。

与总部饭店隔街相望，有一家名为四新饭店的餐馆。和总部饭店的高档典雅相比，四新饭店显得平易近人，仿佛是邻里间的温馨小厨房。店里店外总是热气腾腾，香气四溢，让人不禁驻足。

一大早，四新饭店就开始了它的诱人模式。草鞋底在炉膛里烤得金黄酥脆，油条在油锅里翻腾着，发出吱吱的声响。买好豆浆的人捧着茶缸，拎着水瓶，口咽唾沫地耐心等待，仿佛已经预见美味的食物即将带来的满足感。

最让人难忘的是该店的三鲜馄饨。薄薄的皮子中裹着笋、肉、虾拌成的馅料，比家常馄饨个小而鲜美，堪称馄饨界的精华。每一口咬下，都能品尝到食材的原汁原味，让人回味无穷。

四新饭店地处闹市口中心，它也是靖江人口腹之欲的中心。一旦想起那独特的味道，便馋涎满口。它总是热气腾腾、香气四溢，笼在那样的气息里埋头吃一碗小馄饨，浑身舒坦，家乡的味道便这样在骨子里扎根附体。

师傅们白衣白帽白袖套，案台上裹馄饨的、灶台上下面条的、收银柜上卖筹子的，各司其职。他们手法熟练，动作利落，每一个细节都透露着专业与用心。即使生意再忙，他们都面色淡定，甚至有些冷傲。他们自有他们的道理，因为他们深知自己的手艺和食物的美味，是任何忙碌都无法替代的。

在这里，每一次用餐都像是一次享受。无论是那香脆的草鞋底，还是那诱人的油条，抑或那令人难忘的三鲜馄饨，都让人陶醉其中。而那些师傅，他们的专业与自信，更是为这家餐馆增添了几分魅力。

满江红

民国年间，城区居民龚长林、龚长贵兄弟俩在西门旁创办了“四海春”饭店，主要经营汤团、阳春面和各式小炒。其中特色小吃是“湖北小馄饨”，它以肉为馅，皮薄如纸，纯手工制作，味道鲜美，深受顾客欢迎。

1956 年公私合营后，“四海春”更名为胜利饭店，隶属靖江市饮服公司，底层为饭店，楼上是旅馆。顾客多为在城区做生意的老板，也有跑单帮的。平时生意尚可，逢时过节较忙。

20 世纪 60 年代，饭店又改称“满江红饭店”，曾经红极一时，常常形成“一批人坐着吃，一批人围着等，一批人排队买”的紧俏局面。

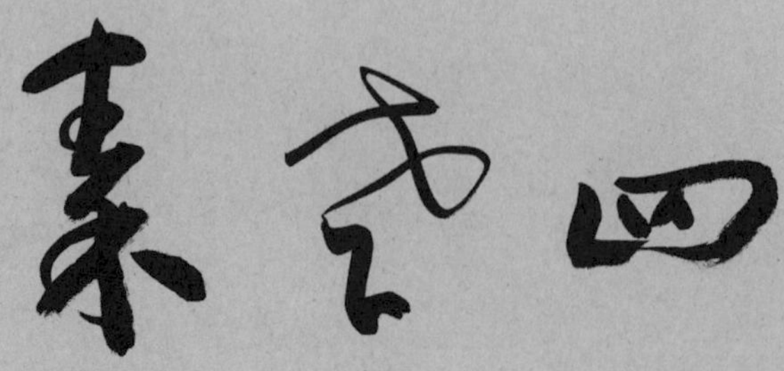

靖城西街的秦老四夫妇，见城外西厢人早点单调，便偷偷向城里人学习炸油条、做麻团的本领，开办了一家油条店。

店里格局与烧饼店相似。门前铁桶炉上放一只大油锅，在油锅上搁置一只铁丝篮，专放炸熟的油条，一来方便，二来沥油，既不浪费，又迎合消费者口味。只要一开油锅，炸油条的香气便溢满一整条街。虽然是“半路出家”，但秦老四炸的油条松而脆，且不油腻。

也有人喜欢用“草鞋底”夹油条，或者用百叶抹酱卷之，这样的吃法令几种香味交织在一起，别有特色。一次，东街岳林保对秦老四戏谑地说：“你在炸老祖宗哇。”秦老四不以为然地说：“我大义灭亲，替你岳家出出气，你多买几根油炸鬼（桧）。”岳林保一时兴起，竟然一下买了 50 根油条。据说，岳家大小六口人接连两天顿顿吃油条。

興宗

无锡人喜食小馄饨。大号皮子，纯肉馅心，蛋皮、蒜叶、猪油做汤，红绿黄白四色，肉蛋蒜油四味，口感较好。不足之处，唯皮子大面食多，馅心小猪肉少，食而不过瘾。

靖江人喜食大馄饨，沙上人叫“畚箕”馄饨，皮子大、馅心多，肉菜混杂，荤素搭配。无锡人瞿兴宗移民靖城西厢，租屋两间，开办“兴宗馄饨店”，对无锡、靖江两地的馄饨制作方法加以改进，合二为一，形成了苏中独特的“耳朵”馄饨。

西厢人好新鲜，喜欢到新开的店做个客、捧个场。店堂里有 4 张八仙桌，大门进出口有张收银台，客人先吃后付。馄饨分大碗、小碗两种规格，一般下午开始营业，散客居多。晚上，备课教师、加班的营业员、看戏的观众三五成群进店吃夜宵。灶面上瓷碗挨排排，每只碗里统一放蒜叶、味精、白汤，一旦氽在大锅沸水面上的馄饨熟了，掌勺的必须用小筛子或馄饨勺子（有眼，舀馄饨时可沥汤水）快速起锅，不然时间过长，皮子松软，馄饨会“发毛”，导致馅心的原汁原味受损。这一刻是考量掌勺的脑、眼、手的协调性。每舀一筛子馄饨记数须又快又准，每碗馄饨既不能多也不能少。多了，店主亏本，少了，顾客理论。

兴宗馄饨店兴旺了几年后，西街又先后开办了王兴记、陆记两爿馄饨店。俗话说，同行必妒。表面上各开各店，实质上暗里（一说与王恒记）较劲，像鸭子游水——表面平静，脚底下用劲。王兴记一改常规，白汤馄饨改用鸡汤或猪排骨汤加虾子，可谓鲜中鲜。另一绝，坚持馄饨不等客。客来现裹现煮现吃，馅心、皮子新鲜如初。倘若裹好馄饨等客，时间一久，皮子由白变灰，馅心由淡青转深绿，便失去了原汁原味。两种馄饨的口感大不一样，食客自然慕王兴记馄饨之名而来。

马桥馄饨

地道的马桥馄饨是以韭菜（或小青菜、芦笋）、猪肉、河虾为馅的三鲜味。猪肉须是猪腿肉或上好的夹心肉，韭菜、小青菜、芦笋等以马桥当地农家自种的为最佳，虾必须是活水鲜虾，馄饨皮也以轻薄而有韧性为宜。将鲜肉切成细丁，加调料腌制，将虾去头、尾、足，再将韭菜、芦笋或焯水拧干的小青菜剁细，与肉末搅拌成馅。包制时一只馄饨一只虾，是马桥馄饨的约定标准。汤头也很有讲究，用猪骨、鸡骨混合熬制，熬出猪骨的醇厚和鸡骨的鲜香，汤清而味美，方属至味。馄饨出锅前，碗中放入一块熟猪板油、两撮青蒜叶，浇上两勺骨头老汤。此时捞出馄饨滑入汤中，一碗滚烫鲜香的馄饨便置于食客面前，半透明的馄饨皮内，绿色的蔬菜、红色的河虾交相辉映，一只只馄饨宛若一块块晶莹剔透的翡翠，让人胃口大开，食之口舌生香。久而久之，马桥馄饨好看又好吃的名气便传开了，马桥镇上因之而开设了众多的馄饨店。

马桥馄饨品种多样，有三鲜馄饨、青菜馄饨、菠菜馄饨、牛肉馄饨、芹菜馄饨、鱼肉馄饨、虾仁馄饨、蟹肉馄饨、刀鱼馄饨、芦笋馄饨等10多个品种。如今，马桥馄饨店已走出靖江，开到江阴、昆山、上海等江南大中城市。

龍華蚬子餛飩店

在靖江，蚬子（一种水中小蛤蜊，去壳可食）是常见的食材，从港里、河里出水而来，便可以与多种食材搭配。蚬子疙瘩汤、韭菜炒蚬子，每一味都非常鲜美。然而将蚬子做成馄饨，却是西来镇龙华村的原创。

西来龙华村地处夏仕港边，房前埭后水网密布，大港小河水产丰富，盛产一种时令河鲜——蚬子。寻常百姓用掼篮随时随地都可以掼到蚬子，剥壳取肉，割几把韭菜，和在一起，剁成细末，浇点儿香油，就可以拌成美味的馄饨馅。龙华蚬子馄饨传承至今已有上百年，素有“芦苇半人高，鲥鱼成担挑；蚬子包馄饨，来年节节高”的民谣流传。

包其志是西来街上“龙华蚬子馄饨店”的老板。他是厨师出身，后来在店铺的经营品种里加入了蚬子馄饨，于是，西来的蚬子馄饨一举成名。

小馄饨，大文章，包其志把好了这道传统小吃的每一个环节。

传统口味的蚬子馄饨，其馅料重在一个“鲜”字：新捞的蚬子肉、新割的韭菜、新鲜的猪肉，三鲜相融，味道滑韧，极为鲜美。

在西来，“鲜”必须从河中寻，哪怕是再小的食材，也有它的一番滋味。刚掼上来的蚬子新鲜活泼，色泽呈黄，淘干净再倒入水盆中，倒油，让其吐沙净化。洗净的蚬子个大肥嫩，灵气逼人。煮一锅热水，倒入洗净的蚬子，火苗跳跃之中，蚬子壳慢慢张开，属于蚬子独有的鲜味就传了出来。壳子碰撞的声音中，一粒粒蚬子被轻松取下。经过爆炒的蚬子，成了蚬子馄饨里的味觉“灵魂”。一畦一畦的春韭，柔软肥嫩的条叶，风韵婆娑。新鲜猪肉、韭菜，刚出锅的蚬子，配以食用油、盐等最基础的调味料，馄饨馅就拌好了。

煮蚬子的汤用来下馄饨，淡而不腻，看似平常，实则极为讲究，这就是人们日常生活中难以割舍的味道。新鲜的蚬子馄饨滚水里一煮，点点翡绿剔透，奇鲜味美。

蚬子馄饨第三代传人侯汉银师从本村的顾乾老先生，研究蚬子相关的美食，20多年来将传统的蚬子面、蚬子汤、蚬子炒韭菜延伸到蚬子馄饨、蚬子汤圆等，蚬子的烹饪技艺不断推陈出新。“白如玉，薄如纸，馅精细，味美，鲜而不腻，一卷，一捏，盖用水煮，填入四时鲜佐，顿时芳香四溢，绵柔爽滑，齿颊留香。”一口咬下去，汁多味美，令人回味无穷！

新港酒菜馆

1937年，日军侵占靖江，封锁了沿江各大港口，仅留斜桥新港一处港口通港贸易往来。新港因此成了苏北地区的贸易枢纽，迎来了短暂的畸形繁荣。

新港老街上，遍布着酒菜馆。其中，规模较大的酒菜馆有宾兴、德义、同和源、张福记、吴老四等，高朋满座，昼夜不息。小的店面有二十五六家，种类繁多，小吃丰富，有小酒馆、面馆、饭馆、粥店、团店（汤圆店）、馄饨店等。

当时的新港，船泊满港，全港有汽油灯300多盏，像宾兴、德义等大馆子，汽油灯就有五六盏，每到夜间，灯火辉煌，客流不断。小一点儿的店，也总有一两盏汽油灯。每逢运货轮船到港，酒菜馆俱都客满，热闹非凡，一座难求，常可见到食客争抢座位。即便是街上的小吃摊，也常被往来旅客挤满，应接不暇。

由于新港的鱼市极为兴盛，刀鱼、鲥鱼、河豚等江鲜食材丰富而新鲜，新港老街上的餐饮业也由此极为兴旺。有一则典故：新港自1938年开设洋棚后，因原本沿街的房屋商铺在日军侵占靖江时基本被焚毁，当时街边的商铺大多为简易搭建的草棚草屋。

有一天，一家小吃店的草棚内，店主烧河豚时不慎引起火灾，导致沿街所有草屋草棚及瓦房全被焚毁。但因新港当时异常繁华，商户资金充裕，故不多时便重建了新港街镇，并且全部建为瓦屋楼房，街道整齐，也就是留存至今的新港老街。

沙裕泰

四墩子在最鼎盛时期，大小饭店、小吃店有七八家之多。其中规模较大的饭店是四墩子北街的沙裕泰饭店和四墩子东街的常赞堂饭店。

“沙裕泰”饭店开在四墩子北街小石桥旁边，拥有3间门面，前后三进房子。朝着街面的3间是饭店门市，房子第二进为烹调作坊，最后一进为生活用房。

沙裕泰饭店的创始人叫沙荣小，生有两个儿子沙章保、沙留保。两个儿子从小就跟着父亲学手艺，深得父亲的真传。

沙裕泰饭店除了家常炒菜，比较出名的有冷切猪头肉、猪耳朵、猪舌头、老汁肉、老汁猪肝、五香大肠等熟菜，最受饮酒之人的喜爱。

老大沙章保成年以后，烧得一手红烧羊肉和红烧河豚。四墩子街上的人比较好吃，会烧河豚的可不少，唯独沙章保烧的河豚远近闻名。不少大户人家有重要客人，都要请沙章保去掌勺，负责烧菜和烧河豚。因为过去野生河豚毒性很大，稍有不慎就有生命危险，所以烧河豚必须请信得过的师傅掌勺。

公私合营以后不久，太和公社驻地礼士桥新开了饭店，沙章保就被供销社调去礼士桥饭店做掌勺师傅，直至退休。老二沙留保则是宰羊的好手，小石桥旁边的几棵杨树下，就是沙留保宰羊的场地，北街的小孩最喜欢去看他杀羊。后来，沙留保留在了四墩子饭店。

常赞堂

“常赞堂”饭店是四墩子东街最大的饭店，20 世纪二三十年代就开办了。地处四墩子东街中心地带，4 间门面房，后面还有四关厢院子。前面 4 间店面，西边间是炒菜后厨，其余 3 间都摆满了吃饭的八仙桌和长凳子。大门闼子一拿，朝南的店堂便光线清晰，明朗迎人，中午可容纳同时 10 桌左右的顾客。

由于四墩子周边人口多，做小买卖的和赶集的人流量也大，事情办完了，都要到常家大饭店来歇歇脚，随意吃点儿便饭再回家。因为常赞堂饭店以家常菜为主，高、中、低档都有，适宜不同来客选用。每逢大集，江南江北的客商来到四墩子找客栈住下，常赞堂饭店就成了首选的就餐场所。

常家饭店一天三餐全有供应。早上有面条子、肉馒头，中午有米饭、炒菜，晚上有面条。到了冬季，晚上还增加了羊肉。饭店一年四季生意红火，接近年关，还代老百姓加工馒头。

公私合营后，其他大小饭店都停了，人员大部分被调到这里开联营饭店。

“文革”初期，常赞堂饭店迁至港西陈士玉家，饭店原址就成了四墩子居委会办的服装厂。直到老街向北拓宽，常家饭店旧址才被拆除。

石学餘卤菜店

四墩子东街常赞堂大饭店对面，是一家名气很响的卤菜店，老板石学余烧得一手好卤菜，一年四季生意红火。四墩子 3 条主街上有饭店、小吃店七八家之多，唯独石家只经营各种卤菜，比如五香牛肉、牛蹄筋、牛肚、猪头肉、猪蹄膀、猪耳朵、猪舌头、猪肚、肫肝、老汁猪肝、五香大肠、卤鸡、卤鸭、凤爪、花生米、百叶卷，等等。到冬天，还要增加冷切羊肉之类。凡是人们喜欢的下酒冷菜，石家卤菜店样样都有。

四墩子商业繁华，人口众多，喜欢喝酒的人比比皆是。商家老板离不开店铺，到饭点时都要来卤菜店买几样可口的下酒菜，再回自己店里喝点儿老酒，顺便看守店铺，换伙计去吃饭。街坊邻居家中有喝酒的或来了亲戚朋友，也要来挑几样卤菜回去。乡下人上街购物，回家之前也忘不了来卤菜店买几样家人喜欢的卤菜。

虽然街对面是一家大饭店，但饭店以热菜、炒菜、汤类为主，到饭店吃饭的客人一般情况下都要喝点儿酒，所以常常到卤菜店叫点儿下酒菜，无形间增加了卤菜店的生意。

石学余将一手做卤菜的手艺传给了儿子石连根、石桂保二人。大儿子石连根后来到礼士桥单独开起了卤菜店。公私合营期间，大小饭店合并，石家卤菜店不开了，石桂保被调入合营饭店做厨师。

陳喬保索粉攤

新中国成立初的四墩子，有一个“索粉摊”，每晚设在四墩子大石桥西堍桥头北侧，借助桥头蔡凤岐河房边上两三平方米的一小块空地做生意，风雨无阻，长达七八年，很有名气。这就是四墩子北街粉皮老板陈乔保的粉丝摊。沙上人过去都将粉丝叫作“索粉”。

制作索粉时，先把用山芋（或绿豆、蚕豆）磨成的粉调制成固体“粉砣子”，然后按一定的比例在热水锅内熬成糊状，将它倒在瓦盆或面盆内，等它全部冷却成固体后，将盆倒扣在垫有白纱布的作台上，看似是一坨白色半透明的晶体。再用准备好的有密集小孔的铜皮刨子，沿着晶体砣子轻轻地刨去，就会有一根根细粉丝被刨出来，这就是“索粉”。最后将索粉置于冷水盆中，做好出摊卖货的准备。

陈乔保本来就是卖粉皮、凉粉的，原料一样，只是制作方法有点儿不同。他上午到街上卖粉皮、凉粉、绿豆饼，晚上出摊卖索粉。

傍晚，当四墩子各家各户开始点灯时，就看见北街西边的陈乔保挑着索粉担子出来，往桥头去了。他的担子头上挂着马灯，挑子的一头装有点着的炉子和锅子，另一头下面装木柴，上面有两个格子，放成品粉丝和辅料绿豆饼、小油豆腐，以及各种调味品的瓶子、罐子、碗筷等。街上的住户晚上只要看见桥头的马灯，就知道陈乔保出摊了，喜欢索粉的大人小孩就算计着要去品尝了。

陈乔保的索粉汤特别鲜美。顾客一到，他便拿起汤碗，将铁锅里煮好的粉丝篓子往碗里一倒，放几块小绿豆饼，剪几只小油豆腐，放上各种调料，撒上几粒葱花，一碗美味索粉汤就成了。因为碗不大，量也不大，人们不需要桌子和凳子，就着石桥头的台阶一坐，几分钟就完事了。别说，因为味道鲜美，每天光顾的人还真不少，其中小孩居多。

过去四墩子有开赌场的，一到深更半夜，散场的人都要到桥头喝碗索粉汤填填肚子再回家。特别是寒冷的冬天，夜行人也会赶过来，喝碗热汤暖暖身子。

张二小茴香螺螄

四墩子街大石桥东塊，每天傍晚时分，就是张二小的父亲张培华在这儿设摊卖茴香螺蛳的时候。一声声叫卖此起彼伏，不到掌灯时分，两桶热腾腾的茴香螺蛳就卖完了。浓郁的茴香香味飘出去老远，勾起了人们的食欲。

四墩子周边属于盛产水稻的地区，沟河纵横交错，是螺蛳生长的好地方。

张培华家原是北边里下河一带的船民，开着小船，一路耥着蚬子和螺蛳来到了四墩子。看到这里水产丰富，到处小沟小河都出产螺蛳。这取之不尽的资源，使他决定在四墩子扎根生活。那时儿子张二小才 12 岁。

由于船民条件差，砌房造屋不可能，张培华就选在四墩子港东陆炳兰家北边一块内港滩上，用芦柴秸秆搭起了一间草棚子。他们要求不高，只要能遮风挡雨就行了，何况还有一条小船停靠在外港边，足够定居下来了。从此，他们发挥自己的专长，以耥螺蛳、卖螺蛳为自家的生财之道。

张培华一家人每天扛着耥网，走遍每条小沟小河，早出晚归，收获满满。

所谓“耥网”，就是用长竹竿作柄，略粗的竹竿头上扎有一张三角形带兜的丝网。人站在河的一边，将网从河边伸下去，经过河床一直用力撑到对岸河帮，再拖回来，一来一回，河帮河床的水产动物和垃圾都在网兜中，然后将网在水中漂洗几下拖上岸，刨除垃圾，挑选自己需要的螺蛳、小鱼、小虾等水生物。接着周而复始地耥第二网、第三网。

张家人将耥回的新鲜螺蛳先养在清水盆里，让它们吐净壳内的泥沙，然后剪掉壳的尾部，清洗干净后倒入大铁锅，放入茴香、八角、小辣椒、盐油、葱酒等调料烧煮。煮好后，再将热腾腾的螺蛳盛在大木桶内，盖上棉胎布块，抬到大石桥头去卖。

为方便顾客品尝，张家人专门采摘了不少柞榛或皂角树上的尖钉子，供人们现场挑螺蛳品味。如果顾客没有带包装，他们还会提供刚从荷花池摘的干净荷叶，给顾客包装。

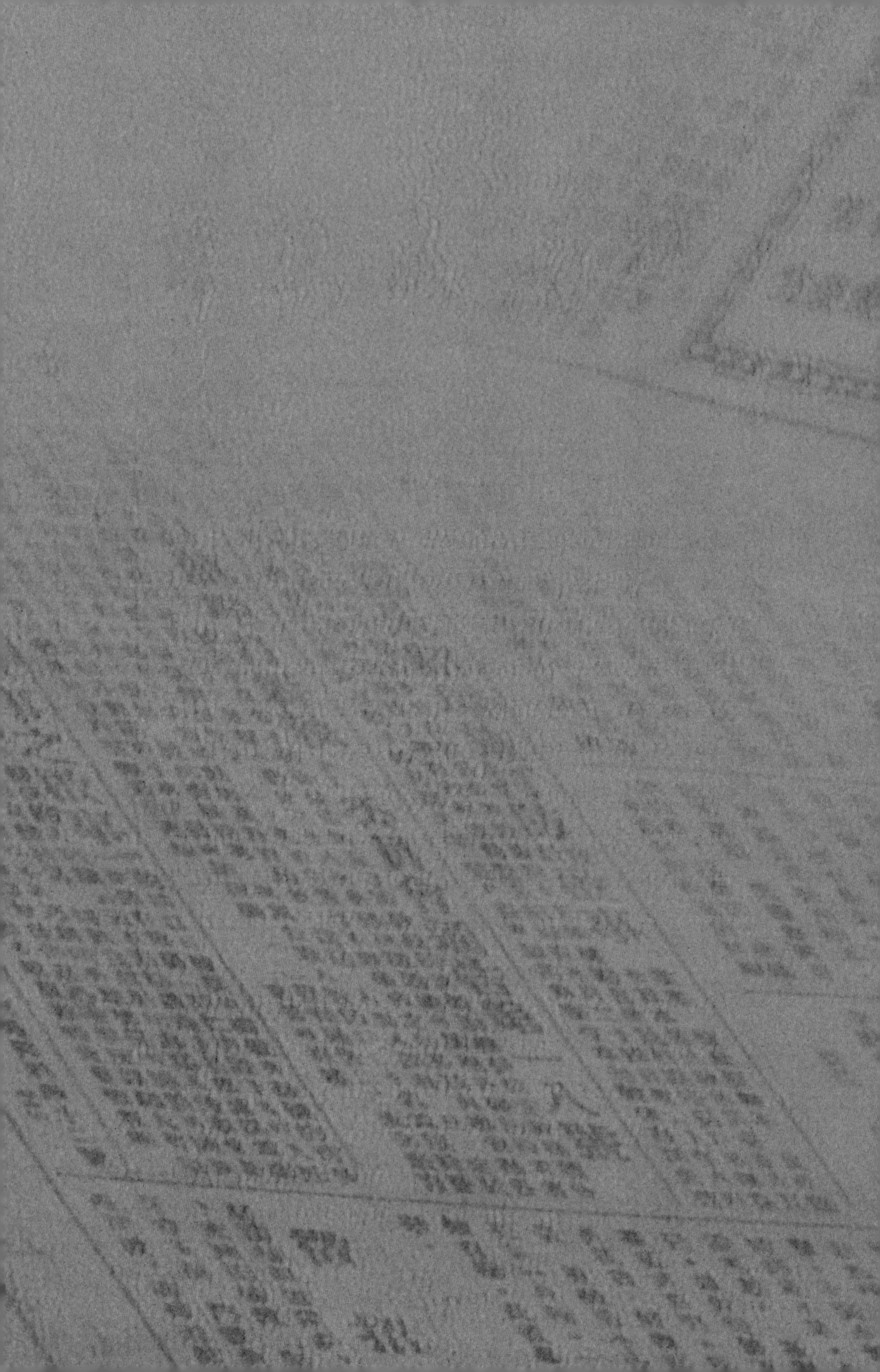

副食业

王鑒和同記

新中国成立前，靖江有不少历史悠久的槽坊，如“王鉴和同记”“彬兴酒店”“豫桓公”“大和公”“大和全”等。其中以“王鉴和同记”最负盛名，有数百年的历史。现在的靖江酿造厂，即王鉴和同记于 1956 年公私合营时改建的。

王鉴和同记始创于何年已无从考证，但它酿造了靖江的传统名酒——金波酒，这一历史功绩一直为后人传颂和铭记。

说起金波酒的来历，还颇有一点儿传奇色彩。相传清同治年间，有一位高士来到靖江城定居，此人曾在京城做过官，又精通岐黄之术，虽已年老，但脸色红润、体健神爽，人们对他的养生秘诀十分好奇，后来才发现，他每餐必饮一盅自己炮制的金黄色酒。这事引起了一位姓王的酿造坊老板的注意，这位老板就是王鉴和同记的创始人。他很有生意头脑，买通了这位高士身边的仆人，偷抄了一份炮制这种酒的配方，当作至宝，秘藏在家。临终时，他将这配方交给了儿子，说此方价值不可估量。儿子接管酿造坊之后，想到了父亲留下的那张配方，便请城里最有声望的老中医验证。老中医细细推敲之后，大加赞赏，说这几十味药君臣相辅、补泄调和、制弊扬长、恰到好处，有延年益寿、驻颜祛病的神效。小老板高兴极了，立即照方配制。这酒一出果然声名鹊起。

金波酒以优质粮食白酒为酒基，选用党参、当归、黄芪、肉桂、川芎等 34 种名贵药材，经长期浸酿自然发酵，用微孔过滤精制而成，配料有冰糖或白砂糖、甜蜜酒等。其酒色金黄透亮，药香与酒香融为一体，芳香馥郁、独特悦人，酒质浓厚丰满，酒性不寒不燥，饮时口感醇厚、甘甜柔和、耐人回味，四时饮用咸宜，故历来被认为是滋补健身的高级饮料酒。

金波酒的中药配方，曾经过当地名医的 3 次验证。

第一次是 1938 年。时任王鉴和同记老板的王道林，为使祖传的当家产品金波酒的酿制更具特色，创造优质名牌，专门邀请了靖江名中医方完白对该酒的配方进行逐项研究验证。方完白根据药理，结合自己的实践，剔除了部分重复、无效的药材，增加了几味对人体疾患具有明显疗效的药材，将原有的 51 味重新厘定为 34 味。经过验证新生产的金波酒，酒质更为浓厚，口感更加醇和，深受消费者的欢迎。

第二次是 1979 年 3 月 26 日。靖江酿造厂为使名牌产品金波酒更具竞争力，特邀请靖江名中医孙筠溪，对金波酒的 34 味中药进行再次验证。孙筠溪根据多年丰富的临床经验，确认其中大多数药材有舒筋、顺气、补血、健身之功能。经过再次验证，该厂又进一步改进工艺，配制了 15% 左右的甜蜜酒，外加 15%—18% 的冰糖或白砂糖。这样，增加了金波酒的浓度和鲜味，较以前更具特色。

第三次是 1985 年 3 月 5 日。靖江酿造厂为将金波酒推向全国市场，专门邀请了靖江中医学会、中医院、人民医院及靖城卫生院、医药公司等医药界的23位名医和药学工作者，由他们发挥集体智慧，对金波酒的药方进行又一次验证。会间，老中医方完白无私地献出了珍藏52年的金波酒原始配方，为验证会提供了有价值的参考资料。会议对金波酒药方重新进行了全面的药理分析，认为全方有四大功效——

首先是补气益血。方中的四君子汤（党参、白术、茯苓、甘草）补气，四物汤（当归、白芍、川芎、熟地）益血，黄芪补中健脾，益气生血。其次是理气开胃。方中以佛手、藿香、丁香砂仁、木香等理气，以麦芽、槟榔等消积开胃。第三是培补肝肾（即壮腰强肾）。方中之赤桂、沉香，可使肝温肾润，杜仲、熟地可以健腰利膝。第四是舒筋活络。方中之四物汤及宣木瓜、千年健等均可养血、柔筋、活络。

在配方制药方面，更有4点制约作用：一是酒性升浮，方中桑皮及枇杷叶，以清肃肺胃之气，使之下降；二是理气开胃，芳香性药物大多偏燥，为肝所喜，为胃所忌，方中白芍、玉竹以养心胃之阴，压抑芳香之燥，故仍为胃所喜纳；三是因湿易生痰，方中之二陈汤（清光皮、土茯苓）化湿消痰，并可降低胆固醇；四是酒易伤肝，方中配有白芍、麦芽，以护肝益肺。

王鉴和同记生产的金波酒在新中国成立前便热销大江南北，在当时小作坊式的生产条件下，年产量达200余担。长江中下游一带群众尤其喜爱。一些患有风湿性关节炎或胃疼的顾客，每年都来靖或托人购买原装金波佳酿，常年饮用，久治不愈的顽疾得以缓解和康复。

骥江米酒坊

马桥镇侯河村市东埭有一家“骥江米酒坊”，据传是当地村民王某在清朝末年创办的，至今已有100多年历史。酒坊位于侯河市街一河之隔的港边，王某利用自家3间草屋开了一家米酒坊，鼎盛时有帮工六七人，生意十分火爆。为了拓展销路，他又在自家屋后搭建一座4米宽的青石板作为私家码头，方便外地的顾客通过水路前来购买。米酒坊虽是小本经营，但在其子王满庆接手后，初具规模，在侯河市首屈一指。

新中国成立后，王满庆又把酒坊传给儿子王翕根，王翕根成为“骥江米酒坊”第三代传人。他在传承中不断创新，在创新中谋求发展，并申办了食品工作坊登记证，注册了“骥江米酒”商标。

王氏祖传的骥江米酒以糯米为原料，酒精浓度12度，口味甘甜芳醇，能增进食欲，有助消化，老少皆宜。米酒煮荷包蛋，也是那个年代产妇和老年人的滋补佳品。

如今，王翕根的骥江米酒已批量生产，产品主要供应靖城、孤山、生祠等周边地区，当地村民将之称为靖江的“女儿红”。浙江、上海等地的老顾客还不远数百里前来订购，骥江米酒因此闻名遐迩，享誉大江南北。

季萬成酒行

季万成酒行堪称季市最早、最大的酒行。该酒行货源充足，经营量大，生意做得十分红火，方圆数十里无人不知。

季万成酒行位于季市南坝口北东首，有3间坐东朝西的店面房，柜台里的货架上摆放着各种样品坛酒，店堂里放着账台和几把椅子，库房里摆放着几十只装满酒的酒缸，每缸约装酒800斤。酒缸口都用洋灰封得严严的，并用红布裹扎得紧紧的。酒缸外表锃亮，形状圆鼓鼓的，颇像弥勒佛的肚皮。后院摆放着许多备用缸，供进货时装酒。街上行人离酒行老远就可以闻到阵阵酒香，未饮先醉。好酒的人更是垂涎三尺，忍不住进店先讨一盅尝尝，过把酒瘾，然后再买上两小坛，心满意足地哼着小调而去。

季万成酒行进货渠道很多，有的是从泰兴宁界乡糟坊进的，有的是泰兴珊瑚庄糟坊的，有的是如皋河北庄、高家埭糟坊的，绝大多数是从泰兴殷家庄殷松枫糟坊进的纯粮食酒。季万成进货时把关很严：一是“看”，看酒花，知浓度；二是“尝”，凭口感判断酒的纯度。酒的品种很多，有小麦酒、大麦酒、荞麦酒、高粱酒……殷家糟坊每次向季万成酒行发货，都是雇员用仨车（独轮小车）往季市运送。每辆仨车装两坛酒，约 300 斤重。每次进货都有 100 多辆仨车。长长的车队宛如一条巨龙蜿蜒于季市街上，浩浩荡荡，蔚为壮观，引得居民和过往行人驻足观看。季万成酒行的兴旺红火由此可见一斑。

酒行每天一大早就开门迎市，打零酒的、谈批发的客人络绎不绝。遇到大的批发商，酒行就用船运酒，每船要装几十大缸，每缸酒重六七百斤，都是雇工人搬运，每四人组合做杠，“哼唷哼唷”抬上船。这些酒常常远销苏南、上海、浙江等地区。

季万成酒行生意兴旺的诀窍是童叟无欺、公平待客、货真价实，从不扣斤压两；对来客一律笑脸相迎，客人进店，不是泡茶，就是递烟。那时在季市，只要提到季万成酒行，没有人不称赞的。

星火商店

位于靖江城十字路口西南角的星火商店，无疑是当时最大且最为知名的副食品商店。平日里顾客络绎不绝，临近春节时更是人潮涌动。每个人都紧握着积攒已久的糖票、烟票、酒票等各种票证，盘算着家中所需的年货，耐心地在商店门前排起长队，期待着购买到心仪的商品。

对于小朋友而言，星火商店更是他们梦寐以求的乐园。那里陈列着珍稀而高端的大白兔奶糖，那浓郁的奶香仿佛在向他们诉说着关于甜蜜的终极梦想。每当手中攥着几颗大白兔奶糖，孩童们便会感到无比满足与幸福。

此外，商店里还有价格实惠、味道美妙的陈皮颗粒。这种零食被巧妙地制成了老鼠屎的形状，虽然外观略显奇特，但味道让人难以忘怀。孩子们只需花费几分钱，便能购买到一小袋陈皮颗粒，一颗颗含在嘴里，慢慢化开，那份独特的酸甜味道足以让他们回味良久。

星火商店不仅是一个购物的场所，更是一个充满回忆和温情的地方。在这里，人们不仅能够满足自己的购物需求，更能够感受到那份独特的人情味和家乡情。

太平桥炒米糖

孤山镇乐稼村太平桥生产制作的炒米糖，已有100多年历史。早在清末，这里的农户就加工制作炒米糖。炒米糖是一种很受孩童喜爱的食品，脆、香、甜，美味可口。当时，一个铜板就能换两块炒米糖。临近春节，家家户户必备炒米糖，以招待来客。

制作炒米糖，先选用颗粒大、黏性强、无杂质的糯米，将其放置蒸笼中，以文火蒸煮，待米熟透后取出凉透，和大麦芽糖一起搅拌均匀放置锅中，再保温发酵16个小时，然后取出浆来，加入白砂糖和适量的水以及一些姜末，以慢火熬制、浓缩，待糖油多次泛起白泡，用筷子能黏起糖油，滴入冷水中凝结成球状时，为最佳浓度。

糖稀烧制好后，将炒米倒入糖稀中，快速搅拌，让糖稀和事先准备好的炒米再次均匀地黏合在一起。锅灶旁的案板上放置木制模框、擀面杖及刀具，将才出锅的炒米糖稀摊在木框里，用擀面杖碾压平整，撤去木框，趁着余热，快速刀切，这样炒米糖就成形了。

如今，手工制作的炒米糖已不多见，只有临近春节或孤山“三月三”庙会期间，在集市上有售。

新泰豐

新泰丰是靖江的百年老店，上了年纪的人无人不知。这个老字号一直沿用至今。

说到新泰丰，就不能不提王焕乎（又名王汝卿）。王焕乎祖居靖江虹桥外王家大路，1901 年出生于贫苦农民家庭。少时入私塾读书，由于家中清贫，兄弟姐妹众多，常年入不敷出，不得不另谋出路，进入商途，从此终生不渝。

1918 年，王焕乎向富户郑宝二借到 200 块银圆，连同家中多年卖树、卖猪所得，又向亲友借了一点儿，凑齐 500 块银圆，去江阴同其舅父陈仁和合股开办“万泰丰”茶食店。以后，其三弟也去帮做糖果，生意兴隆发达。后来因股东之间产生了矛盾，三弟先回靖，当时带回 130 块钱的货物，又借了些钱，开办了“新泰丰”茶食糖果店。三弟和五弟做糖果，二弟做茶食，四弟和六弟负责店面买卖。

由于经营管理不善，兄弟们内部又有点儿龃龉，资金越来越少，店铺面临困境。在濒临倒闭的关键时刻，王焕乎的母亲亲自去了江阴，一定要王焕乎回靖收拾这个烂摊子。在此情况下，王焕乎与舅父分股带了一批货物和钱回靖，整顿将要倒闭的新泰丰，由王焕乎全面负责店内外一切事务。从此，新泰丰年年盈余，蒸蒸日上。但好景不长，1937 年靖城沦陷，人心惶惶，各商店关门，当时店内货物丢失不少。王焕乎仅带走白糖 10 多担，用船运至张家六圩，到一位职工家去避难。

局势稍稳定后，王焕乎回靖，就靠这 10 多担白糖重新起家，弄了个炉子做月饼，再次开张营业。接着，他由单纯做糖果、月饼，到做各种糕点茶食，继而扩大到经营南货、海鲜、纸箔等，店铺规模逐年扩大。当时新泰丰与时利和的全清月饼成了“靖江月饼”的代表，以其用料精细、制作精良而名气最大。靖江月饼向以品种多、花色新远近闻名，有全清、洗沙、百果、杏仁、椒盐、火腿等多种口味。所谓“全清”，是指皮薄酥层清晰，馅多果料分明，特点是入口香酥、甜味纯净、果料鲜嫩爽口等，曾一度远销国外。每逢中秋佳节，海外侨胞品尝月饼之时，思乡之情油然而生。

之后，王焕乎的四弟分出去开办了“新泰丰东号”茶食店，五弟在西门外开办了另一家茶食店，其他兄弟也先后分了出去。新泰丰由王焕乎独资经营，生意兴隆发达，职工由几人增加到 10 多人，资金颇多盈余，并在公园弄口新盖住房 11 间（公私合营时房屋折价 4000 多元人民币入股）。

新泰丰以如此速度发展并非偶然，这和其经营管理特点是分不开的。其一，善于经营、精于管理。王焕乎以身作则，踏踏实实地参与劳动实践，全面负责店内业务，统一领导，解决了过去的混乱局面。三弟负责去上海等地批货，舅父坐账台，形成了一套有条不紊的运转机制。其二，顾客至上、质量第一。当时闻名遐迩的新泰丰月饼，是以质优取胜，做月饼有以郑元生老师傅为主的一套班子，技术过硬，同时配料精细、质优，生产出来的月饼可在常温下放置到来年夏天也不霉变，仍酥甜可口，其他茶食、糖果同样确保质量，因此获得了广大顾客的青睐，与其他商店同类产品相比，销量多了好多倍，这是有目共睹的事实。其三，公平交易、老少无欺。当时的顾客都赞道："到新泰丰买东西不吃亏，从不短斤少两。"其四，薄利多销、以多取盈。这是新泰丰的经营策略之一，所以生意越做越红火，资金也逐渐增长，形成了经营上的良性循环，有利于扩大再生产。

王焕乎为人正直，豪爽重义气，乐于助人，颇为人们所称道。有两件事，人们至今不忘——

日伪时期，王焕乎的朋友史铭勋，一次在瞿家厅请日军军官吃饭，一个叫王连德的日本特务被新四军当场击毙，日军便以史铭勋通新四军由为将他逮捕解省。王焕乎为营救史铭勋花了很多钱，去苏州将他保释出来，回来后又借了一大笔钱给史铭勋去开办芜湖米厂，后来米厂倒闭了，史铭勋也一直没有归还这笔款子，王焕乎亦不催要。

1946 年 7 月，靖江县商会召开成立大会，王焕乎被推选为理事、常务理事、南货业工会会长等职。商会也曾为商民做了几件有益的事。如 1948 年，国民党军江阴要塞司令戴戎光借管理运输、统制物资之名，准备在江阴黄田港和靖江八圩港两港口设立机构，意图勒索，变相捐税，以饱私囊，并要商会会长朱先营用商会名义来组织。朱先营严词拒绝后，戴戎光又托县长张开仑与朱先营联系，威吓利诱，并扣留靖江商人大批货船。在此情况下，朱先营和王焕乎及马松乔、焦季良等几位商会负责人，前往江阴与戴戎光交涉，最后获得了胜利。时经数日，货船终获放行。

“老牛自知夕阳短，不用扬鞭自奋蹄。”1949年，王焕乎在无锡迎接解放，亲眼看见中国人民解放军秋毫无犯，工厂继续生产，人民生活安定。以后，在史铭勋的陪同下，王焕乎由无锡回靖江，又迎来了公私合营。合营后，他成为一名职工，身上“老板”的担子卸了（不愁职工要吃饭，不愁工资发不出，不愁要缴所得税等），靠自己的劳动工资养家度日，反而轻松安逸得多。王焕乎通过政校学习提高了认识，思想上有很大转变。年逾60岁的他，仍爱店如家，天天早到晚离，主动打扫店堂，开门探闼，任劳任怨，积极主动。门市部的商品陈列、橱窗布置井井有条，获得广大顾客的称誉，王焕乎多次被评为先进工作者。

生祠堂脆餅

“生祠堂脆饼”以老酵发面，皮、酥合理配比，手工制作，成品层次分明，因入口酥脆、甜而不腻、久吃不厌、价廉物美而深受本地老百姓的喜爱。

制作脆饼是个细致活，材料有讲究，制作工艺更须精益求精。制作时，要经过配料、和皮、制馅、包馅等工艺流程，采用精白面粉、优质白砂糖、纯正植物油、纯白芝麻为原料，将和好的面团发酵好了，脆饼才会酥脆。制作过程中，需要反复擀，反复叠、卷，最后搓成圆筒形，切成一个个剂子，再擀成长方形饼，接着涂油、黏芝麻。

刚出炉的脆饼正面凸起，反面平滑，金黄色的饼面上镶嵌着白白的芝麻，煞是好看。生祠堂脆饼共分为三种：一种只可以泡，适合老人吃；一种可泡，可干吃；还有一种咸香酥脆，更适合干吃。

張德興

西来镇“张德兴酱菜坊”，原先叫“张德兴酱油场”，由张钟礼于清光绪二十六年（1900）在西来镇西市创办。

农耕时代，酱油是寻常人家不可或缺的调味品。当时生产酱油的大多是集镇上的家庭手工作坊，规模小、产出低。因此，为了满足周边方圆几十里百姓的日常生活需要，西来集镇上最多的时候同时汇聚了五六家酱油坊，并且生意都蛮好。

张钟礼是季家市人，生于1875年，16岁时到西来镇谢家酱油坊当学徒，满师后，因聪明能干，遂留在谢家酱油坊帮工，直至成为掌作师傅。1900年，张钟礼离开谢家，在西来镇西市租赁高家（现西来镇五街22号）3间门面房，开办了“张德兴酱油场”。1915年，张钟礼出资购得西市刘家位于西马路东头的一块宅地，建起了属于自己的5间门面房，作为生产销售场所。

西马路是西来镇西市通往镇外的一条弄子，是西面季家市、黄家市、柴家圩等地群众进出西来镇的必经之路。张德兴酱菜坊位于西马路与西市街道衔接处，地理位置很好。

张德兴酱菜坊坐北朝南，并排有5间五架梁门面房。最东边一间是短闼子门（上半部是闼子，下半部是砖墙柜台），东边第二间是落地长阔子门，为主店面，往西两间是储物库房，西边靠河的一间是厨房。门面房的后边是院子，主要用来晒酱，院子两边有两间朝东的厢屋，是生活用房。

张钟礼育有二女，无子，后来将侄子张汝霖过继到门下承嗣。张家酱菜坊有一帮工叫张庆修，和张汝霖是师兄弟，一直在张家未离开，张家后辈皆尊称其为“老先生”。张钟礼的另一个侄子也从季家市过来帮工，因此，张德兴酱菜坊平时的从业人员有五六人。

张德兴酱菜坊主要生产酱油、甜面酱和酱菜。囿于当时的生活水平，酱菜特别是酱生姜片这样的高档酱菜，普通百姓很少消费，因此，张德兴酱菜坊是以生产酱油为主，酱菜为辅。张家生产的酱油等产品质量好、价格公道，加上诚信经营，市口也好，所以一直生意兴隆，得以持久延续。

1954 年，张钟礼去世，张德兴酱菜坊由张汝霖接手经营。

1956 年公私合营时，张德兴酱菜坊并入靖江县西来酱菜厂，张汝霖、张庆修、熊运祥（张钟礼的女婿）等人一起进入酱菜厂工作。合营后的西来酱菜厂规模较小，先后设在西市的郑家、展家场和西板桥旁的洪家，在这 3 处地方的时间都不长，前后约 3 年。搬到洪家（现西板桥路 1-2 号）时，西来酱菜厂已在西来小猪行（现在的西来农贸市场位置）新建了 20 余间厂房，占地约 2000 平方米。

1962 年，西来食品厂并入西来酱菜厂，成立靖江县西来酱菜食品厂，酱菜一直是该厂的主要产品，酱菜中又以酱生姜片最有特色和最有名。20 世纪 80 年代，西来酱菜厂生产的酱生姜片开始使用“牡丹牌”注册商标。张汝霖、张庆修、熊运祥是酱菜厂的元老和技术骨干，充当掌作师傅，为酱菜厂的发展做出了重要贡献。张汝霖退休后还被工厂返聘多年，直至20世纪80年代初去世。

张福来是张汝霖的儿子，1930年出生，他从小就跟爷爷和父亲学做酱油酱菜。公私合营时，因家中有田地要耕种，他没有进酱菜厂工作。1978年，张福来重拾祖业，在家中小规模制作酱生姜片出售，以贴补家用。20世纪末，西来酱菜厂关闭，张福来放手生产，酱菜生意越做越好，他的儿子张建平和儿媳丁秀兰也加入其中，生产规模逐渐扩大，成为靖江酱菜的一张名片。

源祥泰

“源祥泰”酱园店，是孙保衡的三弟孙保林独立创办的四墩子最大的酱园店。其最大的特色是味美色鲜、自产自销，所有的酱菜都是在自家作坊里腌制的。

孙保林的“源祥泰”有坐西朝东 3 间高大门面房。靠北首的一间是经营店面，有齐肩高的一组柜台，屋里是木地板，朝街面的是一排斜坡矮柜台，上面齐排排放了各种腌制的酱菜样品罐子，里面有待卖的酱菜萝卜干、洋生姜、大头菜、榨菜、腌黄瓜、雪里蕻咸菜、甜面酱等，供顾客选购。

柜台里面的地板上摆满了各种小口径调料坛子，有黄酒、白酒、酱油、酸醋等，坛口均有软棉花盖头，防止味道外泄。酒坛旁边的墙面上，挂满了各种型号的计量器具和漏斗。毛竹端子从 1 两、4 两到半斤的都有，以满足顾客的需求。

老板孙保林身材高大，每天笑眯眯地捧着水烟袋，坐在柜台里面迎客，不管买多买少，老少无欺，服务十分周到。

店堂的南首一间屋，专门放置成品酱菜缸和坛子。

中间屋算是人行走道。穿过店堂走道往后门外一看，是一片很大的露天作坊。左右与邻居交界的地方，都用竹篱笆夹着。

足有几百平方米的场地上，除了中间一条用青石板铺就的狭窄小道，其他空地上放满了大大小小腌制酱菜的缸和坛子，上面都有竹制尖顶盖子，有几位专职师傅在操作和管理。尤其腌制酱瓜的季节，两边的竹篱笆上全部挂满了半干待腌的酱瓜条。待腌的白萝卜干都用大块芦席摊晒在空地上和屋面上，洗净的雪里蕻更是到处挂着晾干，几乎找不到一块空地。这现场的格局几乎就是一个酱菜加工厂。

源祥泰酱园店自腌的酱菜讲究绝对的干净，且香、脆、甜、嫩，十分可口，深得老百姓的喜爱。不仅是本镇上的人买，很远村里的农民上街办事，也要买一些喜欢的酱菜带回去。

朱永甫

四墩子东街有一家4间店面的酱园店，即“朱永甫”酱园店，经销自家腌制的各种酱菜，兼营南北货。

“朱永甫”酱园店的后门外，有一块很大的空地，空地最北边紧靠着河有一排3间平房，是操作师傅的宿舍兼作坊。空地的两侧用竹篱笆夹着，中间留有一条小道供人行走。小道以外的空地上，全部放置了数十只大小不一的酱缸和小口径大肚子的酒坛子，有空有满。作坊的师傅们一年四季在这里忙碌着，按照季节腌制各种不同的酱菜，适时供应给周围的百姓。他们自产自销的酱菜，讲究的就是香甜可口、绿色环保。

特别到了春夏之际，这是腌制酱菜的最佳时节，大批雪里蕻挂满了篱笆障，红萝卜、白萝卜分别切成条块晒满了所有空地。晒软了的黄瓜条、菜瓜条被师傅们按捺在酱缸内。需要曝晒的甜面酱最是让人操心，因为红头苍蝇专门会来光顾，稍封不密，苍蝇便会到缸内产卵生蛆，这缸酱就要废掉。所以操作师傅时时刻刻要关心、检查酱缸上面的纱布网盖子，因为酱是靠晒出来的，遇到下雨还要加盖竹制斗笠。总之，腌制酱菜是一个很复杂的过程，很讲究时效性。人们吃到嘴里只觉香脆，却不知道腌制师傅付出的艰辛。

东街的朱永甫酱园店与桥西的孙保林酱园店，以大石桥为中心，划港而治，都有自己的作坊，自产自销，各有千秋，热诚地服务着四墩子周边的百姓。

1956 年公私合营以后，朱永甫酱园店收归集体，不再自产自销酱菜了，后面的工房也改成了糕点生产作坊。

張合興

“张合兴”食品糕点店是四墩子最大的糕团食品点心店，地处四墩子东街中心地段。

老板张克裕，四墩子东首三圩埭人，出生于一个朴实贫苦的农民家庭。兄弟四人，他最小。为生活所迫，12 岁的张克裕只读了 4 年书，就跟随三哥张克金到四墩子街上当学徒，学做烧饼、油条等食品。他像所有的学徒工一样，打零工做杂活，尝尽了人间的酸甜苦辣。等到他们手艺学成长大成人准备创业的时候，却没有自己的店铺。兄弟二人只好租赁东街强老大、强老四家的店面房开店经营。最初他们以做脆饼、大饼和炸油条为主。后来张克裕结婚成家了，就与三哥张克金分开店面，各自谋生。张克金为了让弟弟有一个独立的发展场所，主动搬到大桥西侧做脆饼和烧饼，把东街的店铺留给了张克裕。

张克裕脑袋瓜子灵活，聪明过人，不甘心做单一的脆饼生意，潜心开发了多种食品糕点，根据顾客的喜爱和时节的变化，变换不同的品种上市。

他平时以脆饼、大饼、油面为主，接近中秋，就以做月饼为主。他家的月饼堪称一绝，远近闻名，有全清、豆沙、火腿、蜜枣等多个品种。月饼的馅心多是自家定做的。比如火腿月饼的肉馅，何地进货、如何腌制、何时可用，都有严格的规定和要求，来不得半点儿马虎。四墩子就他一家会做月饼。店后有两间作坊，还请了几位厨师帮忙，不论做多做少，都能卖光，还有小商贩到店里等批发。

到了冬天，他家就开始备年货了。他包租了两只货船，专程到浙江绍兴、嘉兴、杭州，江苏苏州、扬州等地大量采购各种原辅材料。家中作坊大量生产红糖金枣、白糖雪枣、芝麻黑切片、花生糖、云片糕、大小麻饼、寸金糖、芝麻球、马蹄酥、金刚脐等各式品种的糕点，满足市场需求。特别是他家做的米雪云片糕，像纸一样既薄又软，吃起来十分香甜可口。

老楊大爐餅

季市老杨大炉饼的制作始于清代，距今已有100多年历史。

做大炉饼很有讲究。先用上好的糯米制作米酒，用米酒和面发酵；再用面粉与熟猪油制成油酥。一块酵面，一块油酥，用酵面将油酥包入其中，用杆锤反复折叠揉搓，然后掐成小块，加入包馅。咸的馅心是用网油渣（剁碎）、生板油、肉末、肉松及适量葱、盐、味精等拌和而成，甜的馅心用豆沙和糖拌和而成，咸甜分别以圆形和长方形加以区别。将包好的饼刷上糖稀，反扣在撒满芝麻的盆里，粘上芝麻后再放进烤盘，用手摁几下，待芝麻嵌进烧饼表面后放进烤箱烘烤，七八分钟就烤熟了。刚出炉的大炉饼，咸的葱花飘香、油而不腻，甜的酥脆细软、糯而爽口。

大炉饼最早见于北宋沈括的《梦溪笔谈》："炉丈八十。人入炉中，左右贴之，味香全美，乃为人间上品。"宋人陶谷曾在其《清异录》中记载："僖宗幸蜀乏食，有宫人出方巾包面半升许，会村人献酒一提。用酒溲面，煿饼以进。"说的是黄巢率农民起义，兵逼长安，唐僖宗仓皇出逃，所食无着，宫女以带出的面粉，用酒相和，做成烧饼。可见季市大炉饼用米酒和面发酵，乃古法传承。

过去，季市烤制大炉饼用的是两眼土灶。生饼入炉之前，师傅先用一捆七八斤的麦草猛烧，谓之“热炉”。片刻后迅速用草灰覆没，称为“焐火”。“焐火”时即紧张而有节奏地往平底锅里摆放大炉饼生坯，并用手掌轻轻压平，让芝麻完全粘贴在饼面上。为防粘锅，在锅底浇上少量豆油或猪油。在另一眼灶上放置同样大小的平底锅，锅内盛满刚刚烘热的草木灰，灶膛生火加热至高温时移盖到装生坯大炉饼的平底锅上，灶膛里继续生火加热。如此上下同时烘烤，不一会儿香气扑鼻的大炉饼就出炉了。

季市老汁鸡

季市老汁鸡早在晚清时就声名远扬。

老汁鸡的精髓在于“汁”——老汁。老汁的特点一是“老”，有的人家保存的老汁达数十年之久，即便在炎炎夏日也状如果冻，红似玛瑙，所以又被称为“瑙汁”。二是老汁的配方讲究，选用上等三伏秋油、麻油等多种天然食用油，配以各种香料，再用老母鸡吊汤，煮熬成汁。而后再以野禽入汁烧煮，吊其鲜味。这样不断添加原料，集百味而成一汁。

制作老汁鸡的过程看上去简单，实际操作起来有很多诀窍：将宰杀的鸡洗净淋干后下锅，浸没在老汁汤里，用文火焖煨。烧老汁鸡重在火候，因为是文火，锅里表面看上去是一层油，似乎不冒热气，实则汤温很高，鸡就这样慢慢被焖熟。这样做出来的老汁鸡，嚼起来有劲，嫩而不坚，入味很深，回味无穷。

季市大家小户操办筵席，办酒待客，总少不了老汁鸡。尤其四时八节，街头巷尾每一个角落，都飘散着老汁鸡的香味，令人闻香止步。

老汁鸡既香且酥，热吃、冷吃均可。热吃浓香扑鼻，肉质甘爽；冷吃简易方便，香味沉郁。

季市人几乎家家户户都会制作老汁鸡。如今，老汁鸡又“孵”出了新品种。老汁鸡的生产商家在老汁鸡的基础上，推出老汁鸭、老汁鹌鹑等10多个新品。聪明的季市人还为“老汁系列”注册了商标，设计了精美的外包装，并着手研发真空包装和规模化生产。可以预料，不久的将来即使远在南疆北地、异国他乡，也定能品尝到季市老汁系列的美味了。

王家桂花荷叶茵糕

季市桂花荷叶茵糕由季市王元林始创，王家茵糕手艺传到现在的王良玉，已是第四代，至今已有百年历史。

说起王家桂花荷叶茵糕，还有一个感人的故事呢！清道光年间，某个秋季的一天，季市本岕东庄王老汉家人头攒动，欢声笑语，人来人往，热闹非凡。原来是王老汉家嫁女儿。王老汉的女儿名叫天荷，天荷不是王老汉亲生的，但王老汉对她一直视如己出。10多年前，荷花盛开的时候，不知谁家把一个女孩放在他家门前，这就是天荷。天荷还有个哥哥叫天祥，是读书人，但在会试时一语不慎，差点儿进监牢。王老汉有一手做米糕的本领，这天他打破祖上传男不传女的规矩，破天荒地将其作为女儿的嫁妆，传给了女儿。

王老汉为何这样做呢？故事要从七八年前讲起。天荷从小就乖巧玲珑，一年大灾，她爬到榆树上采树叶，不慎跌落在地，摔坏了右腿，后来竟有点儿跛。这成了王老汉的一块心病。姑娘转眼长大了，女大当嫁。北街陈老汉的儿子火旺是个木匠，手艺不错，在外做生活，听说这个姑娘品行好，便托人说媒。王老汉见女儿脚跛，心有不忍，担心将来要受苦。家中做糕的手艺历来是传男不传女，王老汉有心帮衬，但怕儿子媳妇有看法。王老汉的媳妇潘茵，系泰兴珊瑚潘家埭人，极其孝顺、贤惠，邻里都夸赞她。她主动和公公说，把手艺教给姑娘，让她有吃饭的本领。蒸糕米粉拌料有讲究，添水一年四季不同，火工也有区别，糕箱一定要用老白果树木制，大有学问在里面。天荷听嫂嫂一说，乐开了花。她说：我出门，一不要金，二不要银，只要爹爹教给我技术，我就感激不尽。父母养育之恩比天大，兄嫂的情谊比海深，我一定牢记在心。

却说姑娘带了副糕箱，喜煞了丈夫火旺。婚后3天，便开箱蒸糕。一炮打响，生意红火。火旺家左边是个雕匠，右边住的是个秀才，他便请秀才写字，雕匠刻字，那沉稳的隶体字实在美极了。先刻“福禄寿喜财”，再刻“步步高升”，又刻“上梁大吉”“五子登科”“寿比南山”，那些字浮雕在糕上，煞是美啊。王老汉知道女儿家生意好，心里也跟着高兴。

哥哥天祥落榜后，在家郁郁寡欢，怀才不遇，世道不平，越想越气，竟闷出了毛病。多方寻医，不见好转，只觉满腹的学问竟然找不到用的地方。天荷见哥哥家败落，十分难过，隔三岔五送钱回来。王老汉逢人便说，抱的小孩也贴心，没有白养。天荷说：我和娘家的人，牵骨连心。有我吃的一顿，就有你们吃得一饱。这天荷姑娘真有感恩的心。

日子就这么过着。一次潘茵在家蒸糕，多了一点儿料，不够一箱，便想用小笼蒸点糕给发热的儿子吃，里面放了一点儿糖。没笼垫，就到后面河里采了一张荷叶放在上面。天知道怎么一回事，竟然蒸出闻名天下的好糕。糕蒸好后太烫，便放在桂花树下凉。风一起，桂花纷纷落在糕上。王老汉回家一看，愣住了——金灿灿，好看。一闻，香喷喷。一尝，甜蜜蜜。糯中带甜，甜里有香。王老汉立即喊来潘茵，说这糕蒸得好。他想专门蒸这糕，便与东西南北4个茶馆的店老板商议，约好明天试尝，不要钱。正悦、正兴、正发、正隆4家老板当场拍板。王老汉说，糕是潘茵发明的，便叫桂花荷叶茵糕。告示一出，茶馆里顿时热闹起来。后来大家一尝这糕，都说好吃。从此，王家又兴旺起来。

好事成双。天祥的同窗在外地做官，便提携他。后来他考了功名，又遇到林则徐的女婿沈葆桢，任江西巡抚，天祥便在沈葆桢手下做事。再后来，天荷的儿子继承糕业，生意越做越大。一年冬天，天祥回家省亲，带了不少桂花荷叶茵糕给沈葆桢。沈葆桢送了几个给丈人林则徐。林则徐吃了连说：好吃，好东西。

桂花荷叶茵糕，糯米产自当地，因土质优良，米粉细腻糯香。荷叶出自当地河中，因水质纯清，荷叶带着淡淡的幽香。桂花采自百年老桂，花粒饱满，香气沁人心脾。一传十，十传百，季市的米糕名气越来越大。百年老店胡源泰的老板每年开工、结业、宴请地方豪绅时，店中必备米糕。县里逢祭祀大典，米糕也必不可少。几百年来，季市人有传统：过年，吃发糕，恭喜发财；乔迁，吃吉糕，大吉大利；结婚，吃喜糕，双喜迎子；考学，吃祥糕，五子登科；生日，吃寿糕，长命百岁。圆形的茵糕，本身就是吉祥的象征，意味着团圆和谐；方糕则方方正正，叫人一看就得挺起腰杆，堂堂正正做人，对应了天圆地方。季市小孩最喜欢唱的儿歌是：“八子一敲卖茵糕，碧荷桂花香味飘。质如脂玉惹人喜，一粘一块一切刀。”小食品，寓意深。季市茵糕每年销售数万斤，是季市传统糕点的一张重要名片。

沈家老虎糖

在季市一带，只要提起沈家老虎糖，那是家喻户晓、妇孺皆知。也许是加工技术独特，沈家糖坊制作的老虎糖吃起来既甜又香，口感很好，令人回味无穷。当时季市一带的卖糖人都到沈家糖坊进货。

沈家老虎糖是用麦芽糖加工而成。麦芽糖就是人们通常说的糖稀，由糖坊制作。制作过程是：先把大麦淘洗干净，去掉杂质，然后倒在大竹箩里，每天洒几次水，保持适当的湿度和温度，让大麦发芽。几天后，大麦发芽了。待大麦芽长到两颗米粒长时再用石磨将其磨成浆，跟淘洗干净的大米和在一起，搅拌均匀后倒到大锅里蒸煮，经过数小时升温发酵，糖汁形成。再将糖汁中的糟粕捞尽，继续蒸煮。

蒸煮糖汁的锅灶很特别。砖砌的大灶，上面放一口又大又深的铁锅，铁锅上面安放一只无底的缸。蒸煮约半天工夫，糖汁成黏稠状。

这时，用一根木棒使劲地搅，麦芽糖水分越蒸越少，慢慢收膏，成稀泥状，这就是人们常说的糖稀。糖稀是制造酱油、茶食和烧菜用的增色调料。烧饼店用其涂抹烧饼面，既增口感，又使饼面润泽好看。

将糖稀从锅中取出倒在石板上冷却，然后用木棍缠上一大块，一头套在一根木桩上，不断地来回拉扯。这时原本暗红色的糖稀越来越白，也越来越硬，最后就成了白中带黄的糖条。将糖条切割成段，放到一个均匀撒了米粉的圆盘里，用手揿成一寸厚的糖饼，再在上面均匀地撒上米粉，这就是“老虎糖”。

为什么将麦芽糖叫“老虎糖”？现已无从考证。民间有老虎糖可养生祛病的说法。传说乾隆下江南时曾品尝此糖，觉得很好吃，即令随行人员将老虎糖带入宫中，让太后享用，想不到太后吃了老虎糖后多年脾胃虚弱的毛病居然痊愈了。乾隆大悦，随即下旨：卖老虎糖的可以鸣锣开道，一路上任何人不得阻挡，官府不得收税。故挑老虎糖担子的一般都敲着小铜锣，沿路叫卖。

沈家老虎糖已不复存在，那份甜蜜却留在了一代季市人的心里。

譚永興燒餅店

四墩子最出名的油酥烧饼店，是北街小石桥头第一家的“谭永兴烧饼店”。

店主谭广荣有一手做烧饼的好手艺。他用大贴炉烘大饼，有加糖的甜大饼，有葱油酥的咸大饼。他家的葱油酥咸大饼最受人欢迎。

虽然谭家店就在北街，但北街有一位孔二奶奶每天早晨专门挎着一只篮子，装满谭家大饼，满街叫卖。各个店家老板根本不用出门，就会有大饼油条点心送上门来。

谭永兴烧饼店上午做大饼，下午专门贴大炉脆饼。那个年代，女人生孩子坐月子，最普通和最实惠的补充营养方法，就是一碗泡两个脆饼打两只鸡蛋。所以娘家人“看月子”，都要买不少脆饼送礼。这样的习俗，一直流传到现在。

福兴泰茶食店

靖江的渡口随着地理的变迁而改变，尤其是自清道光十四年（1834）刘闻沙突涨，沙上地区涨连老岸后，沿江陆续添设渡口。咸丰年间，靖江南渡的主要渡口改设八圩后，周边九圩、下六圩等八圩地区渡口，因各自往来客商与地方土产的特点，形成规模不一的集市。下六圩的福兴泰茶食店，因与江南茶食业颇有渊源，成为享誉一方的茶食老字号。

清末，下六圩渡口北侧的老街初具雏形，周边多为扬中迁靖的沙上百姓，围沙造田，刻苦成家，日用所需常至下六圩老街采购。至20世纪30年代，下六圩老街达到鼎盛。民国初年，江南物产富庶，民生较江北宽裕，茶食业尤为发达，故靖江沿江一带多有平民子弟渡江拜师学艺，仅下六圩街在民国年间就有五六人学艺，并逗留江阴谋生立业达数十年之久。

清末民初，下六圩街商民刘裕福，于老街上创设“福兴泰茶食店”。其父辈即从事茶食业，刘裕福也擅长制作各类茶点，但囿于老街规模，福兴泰仅是惨淡经营。20世纪30年代初，刘裕福被疯狗所咬不幸辞世，年仅40余岁。临终之际，他将长子刘绍基托付于故友江阴陈阿宝，恳请陈氏收其为徒。时刘绍基年方十六，刚读完 6 年小学，迫于生计而渡江学艺。福兴泰茶食店也因之闭店。

陈阿宝，江阴花山人。陈氏在江阴北门街设有茶食店门面 3 间，前店后坊，技艺精湛，品类繁多，四时八节，应时推出，童叟无欺，名噪一时。刘绍基幼年失怙，人品忠厚，起早贪黑，刻苦学艺，5 年出师，深得陈氏喜爱，被聘为客师。

1945 年抗战胜利，刘绍基回到下六圩重振家业，仍挂“福兴泰”招牌。他施展 10 余年来所学技艺，店中高、中、低档茶点一应俱全：普通劳苦大众热衷的脆饼、馓子，用料足，工艺绝不造次，火候恰到好处，干吃疏松爽脆，水泡口感上乘，可口充饥，深受好评；高档产品如马蹄酥、金刚蹄，配料十足，刀工精到，烘焙讲究，出炉之际，色泽诱人，香飘半里，儿童围观成群；中秋各式月饼，货真价实；春节期间茶点品类更多达 10 余种，如金枣、桃酥、雪片糕、雪枣、花生糖、寸金糖等，成为小镇辞旧迎新的馈赠首选、佳节口福。沙上地区看望产妇、病人、老人，常以脆饼、馓子、马蹄酥为首选。

1947 年，刘绍基全家因战事避难江阴，在其师父店中就业，后又举家避难花山。1950 年，刘绍基回下六圩重开店面，生意日渐兴隆。1956 年公私合营，刘绍基进入八圩（城南）供销社工作，并任茶食组组长至退休。工作期间，他毫无保留地传授技艺，先后带徒（或工友）达数十人之多。时靖江八圩、十圩、城南、惠丰、东兴一带群众，对公所桥（城南供销社驻地）出产的几大品种茶食尤为喜爱，产品畅销不衰。

三友美味

靖江猪肉脯可以说是靖江的名片，外地人提起靖江，必先想起美味的猪肉脯。有人将其比为“琼脂”，当不过分。它外观色泽棕红，片型平整美观，肉质酥松，香甜适口，食之不腻，回味无穷，且方便携带，利于保藏，是饮誉中外、深受人们青睐的肉制食品。

在所有的肉脯中，“双鱼”牌猪肉脯历史最久，名声最大。

双鱼牌猪肉脯距今已有 80 多年的历史。其最早是新中国成立前由 3 位广东青年在上海生产，厂名“三友美味食品厂”，即靖江食品厂的前身。“三友”，是指三友美味食品厂的 3 位创始人——陈应林、郑汉钦、朱木乾。他们三人曾义结金兰，拜过兄弟。当时，陈应林、郑汉钦在上海和丽玻璃店任店员，朱木乾在上海华南酒家做工，专司肉脯、酱肉的制作。他们虽都有职业，但工资微薄，经济拮据，一家生计难以维持。当时上海肉价低廉，肉脯却很畅销，有利可图。于是他们经过合计，东奔西走，凑足 100 元大洋，购置了一些简易生产设备和用具，于 1936 年 3 月 26 日在上海黄浦区宁海东路 107 弄 1 号（原菜市街）租赁一间亭子间（即上海旧式石库门房子中的一种小房间），合伙办起了猪肉脯作坊。三友中陈应林居长，称大老板，郑汉钦、朱木乾为二老板、三老板。他们根据各自特长进行分工：老大负责购进原料，并验收、保管；老二能说会道，且粗通文墨，负责跑街推销；老三因擅长肉脯制作，负责整个生产。为表示三人同心立业，他们将该肉脯作坊定名为“三友美味食品厂”，三人既是老板也是产销工人。为使生产合法化，他们曾向国民党上海市政府申请办理了卫生许可证和商标手续。商标定为“醒狮”牌，意即觉醒的狮子。“醒狮”牌猪肉脯即今日驰名中外的“双鱼”牌猪肉脯的前身。建厂伊始，生产经营情况良好，“醒狮”牌猪肉脯行销于沪上的戏院、舞厅、码头等处，一时声名鹊起。

1937年7月，抗战全面爆发。8月，侵华日军大举进攻上海。因时局动荡，交通封锁，物价上涨，原料紧张，这家初建小厂难以维持。在此情况下，原与陈应林、郑汉钦同在和丽玻璃店工作的冯百金（靖江罗家桥人）介绍说：靖江罗家桥地处苏北，一时尚属安定，且猪源丰富，质高价廉，运输方便，每日均有轮船往返上海，可将厂迁至该地。三人反复权衡后，决定采纳冯百金的建议。在靖江当地一些人士的协助下，于1937年底将厂迁至靖江柏木区罗家桥郑家庄。从此，靖江始有专门厂家生产肉脯。

其后，该厂在靖曾数易其址，生产规模亦不断变化。1956年公私合营后，由于政府在财政、物资方面的大力扶持，该厂生产能力不断增强。由于历史原因，该厂厂名也多次变换。1977年，该厂曾归属江苏省食品公司扬州分公司领导，全称“江苏省食品公司靖江食品厂”，靖江猪肉脯正式注册商标为“双鱼”牌。“双鱼”食品也入选了中华老字号。

茶漆业

范記茶館

过去，靖江人休闲喜到茶座，城外小有名气的数东街“范记茶馆”。茶馆有门面 3 间，堂内 6 张清一色榉木八仙桌，茶柜上安放一排青花瓷茶罐，罐腰贴有茶叶名称标签，首推龙井香茶。堂内正中墙壁悬挂陆羽中堂像，配对联一副，上联为“花间渴想相如露”，下联为“竹下闲参陆羽经”。两边门柱挂有“为品清香频入座，欢同知己细谈心”的楹联。因茶文化气息浓厚，官吏、士绅、商贾、师爷、警察是这里的常客。家事、国事、天下事，官气、商气、迂腐气，都汇集于茶馆。

范老板中等身材，长脸小分头，皮肤白皙，身着长袍马褂，手戴玉戒，身挂怀表，一看便是久经历练之人。他多年来练就了应付之术，但百密一疏。1934 年的一天，刚从斜桥进城的巡警褚亥鸣着便衣进入范记茶馆，借喝茶之名行敲诈之实。此人矮个子，瘦身条，三角脸，尖下巴，一肚子坏水。斜桥的百姓背地里都叫他“鼠害民”。刚进城的他贼性不改，选中了范记茶馆，故意挑剔龙井茶的毛病。范老板见眼前年轻人不懂茶道，便婉言说了一句笑话“走过的桥比你走的路还多”。就是这句话激怒了“鼠害民”。

第二天,“鼠害民”伙同两名巡警将范老板关进审讯室,以“莫须有”罪名,通知家属带30块银圆赎人。自此,范记茶馆倒闭。抗战胜利后,汉奸“鼠害民”被枪毙,范记茶馆重新开业。

半天茶馆

清宣统二年（1910），骥江西路西首有爿茶馆。老板姓周，人称周麻子，祖籍安徽。起初茶馆名叫“山庄茶馆”，可能是周麻子家乡的原味。几经波折，后来改成了“半天茶馆”，因年代久远，后人难以知晓其中的变故。

“山庄茶馆”原先设在东面瞿家大厅，3 间门面，堂里 16 张八仙桌，清一色景德镇瓷器。周麻子的小老婆头插红花，身穿红衣、红裤，绰号“一串红”。一次，恒记木行老板小白脸和一串红调情，被周麻子一拳打断两根肋骨，周麻子被关进大牢，不久暴卒狱中。一串红随小白脸下广东，茶馆便搬迁到弄口西首，由伙计陈大毛经营。

日军侵占靖江城那年，城里的百姓外出逃难，陈大毛趁乱发国难财，进城钻进民宅专捡皮袍子。刚立秋，他身上外一层、里三层，穿着 4 件皮袍，经过城门口就被哨兵发觉。日军曹长龇牙咧嘴吼道：“你的良心大大地坏！”话音刚落，对着陈大毛就是一刺刀。陈大毛连肚皮后背被穿通 6 层，哼都没哼就去见了周麻子。

陈大毛死后，老婆唐二姑改嫁给了巡官周水生。唐二姑每天上午开茶馆，下午陪周巡官搓麻将。唐二姑怕被人误会耻笑，干脆挂起了“半天茶馆”的招牌。唐二姑后来生了一个儿子，取名周继根。

几十年过去了，半天茶馆的老板周继根虽然不是周麻子的后裔，但不能说与周麻子的老店没有联系。

那时的茶馆门面 8 尺余宽，左右两根杉木门柱锈蚀一半，门槛已下陷，4 扇大门全部剥壳。堂里有两张摇晃的快口台子，七八张乌黑发亮的独头凳，墙壁四周漆黑，是木柴烧茶时释放的黑烟熏的。镶嵌在墙壁中间那幅黄斑黑渍累累的年画尤为醒目。画面原本是薛仁贵手持大刀，骑着白马，戎装征东，后来失去原貌，显现的似是黑老道，骑黄牛，舞棍棒，作妖法。但在老茶客的眼里，这幅画依然亲切。

每天上午，堂里有五六个长胡子、穿长袍的老头呷茶、聊天。多数是一人讲，其他人附和，内容几乎全是《薛仁贵传》，因为其中一位姓薛的老者熟读此书，自然成了说书人，堂中这幅画也就成了说书的招牌。每次讲之前，听书的老者都要和薛老头开上几句玩笑，“白条子”“半袍子”地叫个不停，因为他白发、白眉、白须，身穿半截的灰白袍子，又是瘦高个子。薛老头拉开没牙的大嘴，呵呵一笑，然后用合拢的拇指、食指、中指又尖又长又硬的指甲戳戳台面，发出笃笃的声音，止住听书老者的笑声。每次开始讲，薛老头还要等别人提醒昨天的故事尾，才记得讲起今日的故事头。过了几年，主讲人换了范老头。就这样，冬去春来，年复一年，老面孔逐渐减少，新面孔不断更换，听书人又成了说书者。

后来，“半天茶馆”的招牌改成了“半仙楼”。

胡源泰

季市“胡源泰”茶庄，是安徽绩溪瀛洲乡龙川大坑口村的胡允源于清同治八年（1869）开办的。1956年公私合营后依然由胡允源五世孙胡锦秀负责经营，是泰州地区很有名气的百年老字号店铺。

胡允源生于清道光十一年（1831），12岁到江苏东台一家茶庄学徒。由于胡允源聪明好学、工作勤奋，不久升为水客（负责采办和储运的外勤人员）。在此期间，胡允源了解并掌握了各产地茶叶的质量、价格、运输、销售等情况，积累了经营茶叶生意的经验。咸丰三年（1853），22岁的胡允源独资收购了东台“裕泰和茶庄”，由此开创了胡氏茶庄的百年基业。

同治八年（1869），胡允源携子胡树铭从姜堰来季市，创办“胡源泰”茶庄，先后购买了季市巡检司五架梁小瓦屋和胡云龙祖屋共30间。到了胡树铭手上，胡源泰茶庄已经颇具规模，是泰兴东南最大的茶庄。现季市东大街112号就是胡源泰茶庄的旧址。

胡源泰茶庄是胡允源在黄桥、姜堰开创胡氏茶业后发展的又一个茶叶店。民国初年，胡允源病逝于安徽绩溪老家，其子胡树铭承继父业。胡树铭是胡允源刻意培养的事业继承人，很小就随父亲经营茶叶生意，所以熟谙茶叶经营之道，并深受茶文化的影响。胡树铭坐镇姜堰，统筹指挥，在苏中地区开办了多家胡氏茶叶分店。由于季市地处如、泰、靖三县交界处，临近长江，是苏中的南大门，因此季市胡源泰茶庄从开办之日起从未停业，足见其在胡氏家族产业中的地位。

当年位于季市东门的胡源泰茶庄坐北朝南，门面房 2 间，纵深 5 进。西边的门面房，进门是柜台，柜台后面是 3 层货架，有序地摆着若干锡罐，装有各种茶叶，并标明茶叶名称、产地、质量、价格。柜台很长，上面放着戥盘秤、包装纸、算盘和账册。东边的门面房则为客厅，朝西墙上挂有字画，中间一张八仙桌上摆着瓷盘、茶具和水壶，还有两把青铜水烟袋和纸捻子，两边有椅子、条凳。北面是香案，香案上有香炉和烛台，供奉财神。门面房后面则是制作坊、仓库、伙计饭堂及宿舍。整个店房的设计摆布透露着茶文化的典雅和主人迎客的热情，体现了胡氏茶业的经营理念。

茶庄在季市的房产大大小小有 30 间，掌柜、伙计、徒工等通常是 13 人左右，掌柜一般由姜堰总店派到季市来。起初，茶庄由安徽胡氏族人胡炳祥负责，之后由黄桥人殷荫堂、曹力生掌管。胡树铭病逝后，其子胡炳衡接管茶庄。他每年来一两次，一般住两三天，主要是查看账目，了解情况，处理重大事务。平时一般事务则由掌柜负责，如盈利分红、结算工资、管理账目、进货销售加工等。20 世纪 40 年代末，胡源泰茶庄由胡炳衡的大儿子胡增鑫负责，他的三儿子胡增钰（字静之）坐镇姜堰。胡氏族人胡锦秀自公私合营后一直在店里工作到退休。

“胡源泰”以销售茶叶为主，同时兼营瓷、漆、颜料等商品。与别的店家不同的是，它的茶叶及生漆、桐油等是从产地采购原料，运回店后再加工制作为成品出售。每逢春茶采摘时，店里会派专人至皖南或苏浙茶叶产地进货，再由专程去景德镇装运瓷货的船顺路将购进的毛坯茶带回。

毛坯茶到店后，即组织加工制作。在进行分拣、筛滤、焙炒、搓揉等数道工序时，整条街道都弥漫着阵阵飘逸的清香。因其独特的制作工艺，胡源泰的茶叶沏起茶来色香味俱佳，深受顾客好评。店里的桐油和生漆都是从湖北恩施进货，铁锅从浙江宁波进货，草席从扬州、瓜洲进货。胡源泰以“诚实守信”之商德和“货真价实，童叟无欺”之店规博得顾客的信任。不仅季市附近的群众，就连靖江的新港、斜桥、西来、长安、孤山，如皋的黄市、珊瑚、江安，泰兴的宁界、广陵等地的顾客，也慕名前来购买所需的商品。甚至靖城“吴吉泰”茶叶店的老板也时而雇独轮小车上门进货。

胡氏一家五代在季市经营茶叶，从清代到新中国成立后持续了100多年，生意一直红红火火，其方便顾客、薄利多销的经营方式和持之以恒、不断发展的经营理念，给季市周边居民留下了良好的印象，至今还有人时常提起。

强老五老虎灶

何谓“老虎灶”？即灶的外形前段像卧伏在地的老虎，后部的烟囱垂直向上，直通屋顶外，形似老虎的尾巴。它其实是一个烧开水的土灶，人们都叫它“老虎灶”。

四墩子东街的强老五就开了这种“老虎灶”，全天候提供饮用开水。

这种烧开水的土灶，前半段的中央有一个投入燃料的大孔，周围排放大小 4 只深底铁锅。深铁锅的后面紧挨一只大口径普通铁锅，其作用是利用余热烧温的水可随时为前面的小锅补充水源。大铁锅后面是一口带有木桶式的蒸锅，里面装满清水，为大铁锅提供水源。再后面就是整体向上的垂直烟囱。因为要拔风快，所以烟囱必须高大。

老虎灶使用的燃料通常是木柴和砻糠，因为在急用开水时，木柴火大而均匀，到要适当保温时才可用湿煤覆盖。为了拔风快，灶膛的炉底下部都有一条深沟，供拔风和通煤灰之用。

强老五家的老虎灶后边屋子里，还有 4 只大水缸。因为那时没有自来水，河水不流通、不干净，只好选用夹港里的长江水。但长江水浑浊，必须提前挑回来倒在水缸里，放些明矾搅拌后让水中的泥沙慢慢沉淀，然后取清水转放到灶上大铁锅内备用。沉淀清水需要时间，所以大水缸要多，每天都要叫挑水工将水缸挑得满满的。稍有疏忽，就容易造成干净水接不上的情况。

四墩子过去街面很繁华，店铺一家紧靠一家。老虎灶早上开门后第一件事，就是让伙计打好开水，为老板泡好茶放着，然后才是打扫卫生做其他事情。老虎灶必须天不亮就要开炉烧水，等到其他店铺都开门了，来打水的人就要排队了。

打开水的手续很简单。那时都时兴用筹码代替现钱，凡要经常买开水的人家，都是提前买好筹码，每瓶一根筹。等到打开水时，只要带上水瓶往老虎灶前的作台上一放，筹子往盛钱桶内一扔，等老板帮你打满水瓶，你拎了就走，什么话也不用说。其间也有用零钱现买的，但很少。

由于店家多，用水量大，老虎灶的生意一直很红火。

据强家后人介绍，新中国成立前，四墩子老虎灶是一位季家市的师傅来四墩子租赁了强老五的房子开的。新中国成立后，季市开老虎灶的师傅家中有事，一时来不了，而四墩子集镇店多、人多，天天要吃开水，老虎灶一天也不能停。季市师傅不得已，干脆将老虎灶作价卖给了强老五。因为烧开水没什么技术含量，强老五天天走来走去，看也看会了，立马接手继续开下去。这一接手就是一辈子。

强老五，大名强国良。因在家排行老五，故街坊邻人都叫他“强老五”。

生猪行

靖江猪行

清代，江苏省布政司制定章程，规定生猪“只许沿门采买，不准设立行场”，因此靖江在清代并未设立专门猪市。靖江百姓养猪主要受里下河地区影响而开始，百姓除买仔猪、卖壮猪，还有不大不小的中猪“过圈”买卖。因如皋、泰兴地区缺乏仔猪，常来靖江购买中猪饲养，而靖江养猪户散居于境内各地，如、泰两地远客采买都由本地的“猪经纪”包揽，靖江因此形成了“过圈猪”经纪行业。过圈经纪人必须捐买“牙帖”才准营业，牙帖即由户部发放的部印牙帖，简称“部帖”。部帖最早时称为“藩照”，又称“门摊照”，是经纪人向江苏布政司藩台衙门捐领的证照。经纪人撮合买卖成功，差价入经纪人腰包，称为“戤圈”，戤圈之外，买卖双方佣金还需另付。

清末，新港因宁波镇海陈姓商人与陆家圩陆子琳的因缘际会，日益繁荣。初时，新港先有朱涌盛鱼行，后来才发展到猪行。陈姓商人给靖江带来了宁波当地的水土特产，回程时收购小猪带至江南、浙江贩卖，从而促成了靖江传统行业生猪业的诞生。

起初，新港的纸货行、猪行均由宁波人开设，清末时分别有王鲁记纸货行、洪高记猪行、陈正记猪行、王昌记猪行、张渭记猪行等。专门运输宁波大猪的船有十五六只，宁波商人在新港还建屋立舍，成立了宁波公所。

民国初年，随着新港集市的发展，这里有了本地人陆荣官开设的德记猪行、姚四祥开设的公记猪行、郑如林开设的林记猪行、陆汝祺开设的宝昶猪行，后来又增加了陈擎宇开设的金记猪行和陈椿年开设的协记猪行等。运输船只除原来的宁波船只，靖江还增加了能装100头、200头、300头至400头猪不等的船，主要装运至南京和上海。

靖江的生猪业因清末新港集市形成而诞生，至民国时期已具相当规模。据史料记载，1932年靖江年输出猪约15万只，价值200万大洋；1937年至1948年，靖江全县有大猪行40家、肉铺140家，新港即为主要集散地，部分经八圩港口外运，主要行销江南。靖江生猪业的发展过程中，也诞生了不少红色故事。1947年，中国人民解放军华东军区后勤部在靖江长安区小涨公殿开设利商猪行，一年多时间输出生猪3万多头，经上海浦东公大猪行转销香港等地，换取各种军需物资。抗战时期，侯河的开明乡绅孙叔贤还利用开设小猪行的便利，掩护共产党开展地下工作。1945年，借运输生猪之名，靖江独立团在泰兴霞幕圩（今名蛤蟆圩）牺牲的战士尸骨，在日伪政权重重封锁下被运回靖江，安葬于经纶庵，成为靖江留存至今的唯一一处抗日烈士公墓。

新中国成立后，中国土产公司苏北猪业总公司开始国营生猪收购业务，猪行及肉铺等猪市逐年减少。1950年，该公司迁往扬州，并在季市设立中国土产公司黄桥分公司季市猪业办事处，年收购量占全县的69%。1950年，靖江全县仍有私营猪行

42户。1952年，设立靖城、生祠、黄家市收购组和土桥供销合作社代购组，年收购量突破10万头。1953年，国家规定生猪收购牌价，私营猪行逐步停业。1955年，靖江县食品公司成立，先后设季市、靖城、土桥、太和、生祠、东兴、八圩收购站。1956年，生猪收购纳入国家计划，靖城、东兴、礼士桥、西来、季市、斜桥等地的苗猪市场也由当地供销社和市场管理所接管。

靖城苗猪市场最初设于西河沿小关庙，1963年划归靖城蔬菜管理处，迁至东门魁星阁下，定名“青竹苗猪交易所”，为“天天集”，区别于乡镇的“定期集”。1981年迁至靖城西郊，年成交苗猪约10万头，最高达12万头。礼士桥苗猪市场农历每月初二、初五、初八开业，年上市4万头左右。东兴苗猪市场农历每月初三、初六、初九开业，年上市3万头左右。1962年，靖江县被江苏省列为生猪外贸出口基地。

生猪业是靖江传统产业，近代百年内靖江几乎家家户户都养猪，并一直延续至21世纪之初。

西来小猪行

西来镇原为北大江东口，后因沙洲自西向东延涨，北大江口逐渐淤塞涨为陆地，故名“西来”。清代建西来庵，靖江、如皋两地群众常至此进香，后渐由市集而成集镇，成为靖江东大门。

西来集市的形成与西来地区成陆后成为渡口有直接关联。据传，早在元代时，西来所在地域已形成沙洲，后渐成渡口，市集随之形成。清代，因西来集市的繁华，西小沙的巡检司移驻西来，并设立典史（又名捕厅），以维护西来集市贸易秩序与治安。西来原来分为南市、东市（缪家市）、西市（段家市），环镇有河道，四周建有圈门，镇区地势较周围要高。其中，南市形成最早，以城隍庙为中心，可能因靠近渡口而成为集市中心，南市东、西两侧各有 3 条弄堂，成为百姓赶集成市的出入通道，随之形成东市、西市。南圈门在南街头上，北圈门在南市最北转弯处。

民国时，西来在现在的西来农贸市场位置设立了“西来小猪行”，为如皋、泰兴等地提供苗猪，一度成为靖江东部地区规模较大的苗猪市场。1977 年，西来江边芦苇滩地实施围垦，建成长江农场，1979 年改称县苗圃场。同年 6 月，开始培育礼士桥良种母猪。1980 年 4 月，建靖江县种猪场，成为靖江最大的种猪基地。

陆全盛

在漫长的农业经济时代，农民种田主要靠养猪。猪的尿粪是优质的农家肥，一头猪就是一个小“化肥厂”。在没有化肥的旧时农村，谁家猪养得多，谁家的庄稼就长得好，粮食就打得多，生活就富裕。农民用钱也靠养猪。猪是农民的“储蓄罐”，平时用粮食和青饲料喂猪，猪喂大了，一卖就是一整笔“大钱”，等于银行的“零存整取”。旧时农家大到砌房造屋、婚丧嫁娶，小到日常零用、添衣添被，无不靠养猪卖钱。因此，那个年代，养猪成了农民主要的家庭副业。正因如此，苗猪——本地俗称的“小猪”就有了很大的市场。

季市地处靖（江）、泰（兴）、如（皋）三县交界，靖、泰、如三县历来是苏北的产猪大县。得天独厚的地理位置使季市成了当时苏北有名的苗猪市场。于是，在季市繁荣的商贸行业中，经营小猪买卖的小猪行就占有相当大的商业份额。

季市的小猪行很多，最有名的是万家夼瑞老二开的小猪行和泰兴广陵人陆志祥开的“陆全盛”小猪行。

瑞老二的小猪行开得早，资本雄厚，曾兴盛一时，但后来在竞争中销声匿迹。陆全盛小猪行的创始人陆志祥资本虽小，但头脑灵活，恪守诚信，善于经营，待客热情，到了儿子陆正法手里，生意越做越大，很快战胜同行，成为季市诸多小猪行中的“大哥大”。

陆正法和儿子陆金龙、陆盛龙及长媳张宏英均以开小猪行为业。1938年春，日军占领季市，陆家将小猪行迁往石桥北首的空地，并借用3间民房作为小猪行的经营场所。陆家小猪行一直经营到1956年公私合营。从创始到歇业，陆全盛小猪行延续了100多年，是季市诸多小猪行中历时最长、规模最大、声誉最好的一家。

陆全盛小猪行在第三代传人陆金龙手里最为昌盛。当时的经营场地很大，前面2间是店房，后面2间房屋设置了十几个猪圈供客人寄养小猪。屋外几十米长、十几米宽的空地上每天都摆满了交易的小猪篮，站满了买卖小猪的顾客。推着小猪入市的木制独轮车塞满了附近的道路。一般每天聚集的买卖顾客有上百人，多时达到近200人。偌大的小猪行内人头攒动，摩肩接踵，猪喊人叫，场面十分红火。

陆金龙在业务上很精。十几头小猪关在一只大竹笼内，他一眼就能估算出各头小猪的斤两，随手拎一只便立刻报出小猪的斤数，上秤一称，准确无误，人们称他“手是钩子眼是秤”。他的心算速度也超群，一旦小猪的斤数确定，他就能立即报出金额。买小猪讲究种气（品相），种气好的猪节省饲料还长得快，在这方面陆金龙更是行家里手。他根据自己的经验编了一套顺口溜：“阔背双梁，会吃肯长”，“秃嘴大耳朵，会吃又长膘”。陆金龙十分注重生意道德，为人讲义气。一时缺钱需买小猪的困难户可赊账，待卖了大猪再还欠款；如果赊账户因猪生病死亡而遭受损失，所欠之款一笔勾销。

陆金龙待人宽厚。每逢端午节、中秋节，他免费招待前来买卖小猪的客户吃饭；春节期间，他请客人吃包子；平时为远道而来交易的客人免费提供住宿；为客户当日卖剩的小猪免费提供寄养场地。

陆全盛小猪行还有一个有趣的现象，即讨价还价时从不明说数字，而以专门的行话对答。他们将 1 到 10 的数字说成“流（了）、烛、捺、硝、码（幕）、脑（靴、双三）、村（巧）、page（pia）、钩、花”。

陆全盛小猪行不搞经销，只提供经营场地，帮助交易双方喝价、过秤，收取佣金（服务费）。大的买户可以预先订货，由小猪行帮助客户到盛产苗猪的苏南代购小猪。

由于陆全盛小猪行信誉好、服务好，远近的客户都慕名而来。近的来自靖（江）、泰（兴）、如（皋），远的来自兴（化）、高（邮）、宝（应）、海安、东台、盐城，更远的来自浙江、安徽等地。

1956 年公私合营后，季市小猪行依然声名远播，曾多次参加华东地区各省、市物资交流大会，真可谓“小小小猪行，声名传四方”。

渔业养殖业

牛羊市

靖江不属产牛之地，耕牛多从北方购买，向来不设牛行。清末，乡绅姚序镛（后于民国初年担任靖江首任民政长）捐领了牛行部帖，牌号“福慎余”，为靖江第一家牛行牌照，坐落在永兴团（今靖江沿江地区），但不设立行场。“福慎余”统筹收取当时靖江10个团的牛市税收，大团可收一两百元，小团收百余元，每年收税可得千余元。惠丰封头坝的朱英伯，看到姚序镛得利颇丰，与其争利，也捐了牛行牙帖，最后双方互相妥协，商定各分5团收税。其后，周谷章、鞠高品、姚国本、周莲溪、夏晖吉、夏子贤、谢叔宾、范克甫等人在民国年间也先后捐领牛行牙帖，因均不设立行场，便划分地段各自收税，再经分团、分图、分埭层层承包，领帖者为牛行老板，大的承包者称为牛行经理，小的则称为牛行经纪，简称“牛经纪”。这为养牛户带来了沉重负担，因层层承包而产生的层层剥削，最终均转嫁给养牛户，养牛户不堪重负。

凡买卖耕牛1头，不管大小，买卖双方都要出所谓“牙佣金”1元，牛经纪称为“坐庄”。养户不买也不卖，每年也需要向牛经纪按定例给捐，称为“门槛捐”，有些牛经纪甚至还强向养户收取“草桶捐”。牛经纪约定同行定期集会，会场挂红旗，称为“旗场”。养牛户在牛经纪的剥削下，有“三换剩根绳”的俗语。

羊市与牛市相类，因靖江历来有秋冬季节吃羊肉的习俗，农户饲养的羊多被乡村羊肉店收购，极少上市。清末光绪年间的邢长兴饭菜馆，已有成熟的全羊宴，店主邢天锡所烹饪的羊肉宴，在靖江独领风骚，盛名远播。

民国时牛市、羊市并不固定，一般随庙会、农贸集市、苗猪市场进行交易。羊市还有个特征，即属于季节性市场，每年霜降前后至冬至左右才有。新港短暂繁荣期间，牛市每月出口耕牛四五千头。新中国成立后，靖城、季市、生祠、礼士桥、新丰、斜桥设立专门牛市场，有牛经纪10余人，牛源多来自泰兴、海安、如东、姜堰、曲塘、大丰、兴化等地，年成交1万头左右。20世纪60年代，县农资公司从外省组织4000余头耕牛支持农业生产。20世纪70年代后，牛市逐渐萧条，乃至停止。20世纪80年代，靖江羊肉店兴盛，对羊的需求量增大，除县饮服公司到江苏盐城、大丰及安徽等地调入部分应市，海安、如皋等地的羊商也运羊至西来镇转卖，故而当时靖江全县唯有西来镇设有专业羊市场，年销羊3000头左右。

沿江渔业

靖江古代长期地处江心，素来为“江尾海头”，渔业资源丰富。明清两代，靖江渔民常以捕获江鲜、海产为生，渔民最远曾到达日本。早期渔民历来多属农、渔兼业，农忙务农，农闲捕鱼。清末，靖江南沿江沙洲突涨，形成沙上地区，长江水面宽阔、江底平坦、障碍物少，水深在 10 米左右，成为天然的优良渔场。沿江各港口依托长江段水面，渔业发展迅猛。据记载，光绪六年（1880）前，靖江即有从事长江捕捞的专业渔民，主要来自湖北鄂城（称湖北帮）、安徽芜湖（称安徽帮）、江苏苏州（称苏州帮）及泰州、丹徒等地，散居沿江 10 余条港口。

至民国时，靖江沿江诸多港口均有渔业及鱼行分布，规模不一，其中以新港最为兴盛。除江捕，海捕也形成一定规模。1946 年前，新港即有运输船于每年清明至谷雨的黄鱼汛期，至启东吕四渔场、浙江舟山渔场捕捞小黄鱼。1930 年，江苏省农况厅刊行的附刊《渔况》中详细记载了靖江民国时期的渔业盛况。

该刊第 13 期中记载：

四墩子：有鱼行三家，经售江鲜及内河鱼、蟹、虾等；

有渔船六只，年产两千余元。

下六圩镇：有鱼行两家，经售江鲜及内河鱼类；此地生产之大宗，厥为刀鱼、鲥、河豚、鳗、蟹。渔船有本地人之挑网船两只，于春季捕黄花鱼，秋季捕鳗鱼，平时改为客货船。尚有苏州籍丝网船十只，春夏捕刀鱼及鲥鱼，自九月起拖蟹，渔获物大半销于江阴。此处一年之生产值八千元以上。

八圩港：有渔行二家，经售江河鲜鱼，并代运贩。有渔船六只，捕刀鱼、鲥、河豚、蟹、鳗之类，年产四千余元。

随后第14期中又补充记载：

靖江县属各地之渔业，除于本刊第十三期已登载外，尚有未尽者，特再捕志于后。

八圩港：地居江阴对江，故渔船获鱼后，即往江阴销售者，占十之七八，余则来往上下游，踪迹无定。该地仅有鱼行一家，渔船六只，因所有鱼类多运往江阴销售，故本地之食鱼者，反需向江阴购买。

十圩港：居八圩港之东约十里，虽地处乡僻，而春夏两季之鱼汛甚盛。该地有鱼行一家，仅营春夏之刀鱼、鲥鱼及河豚等三种。刀鱼、鲥鱼销上海，河豚销内地及江阴，总计两季之渔值在一万元左右。至于渔船，则有自吴县来之丝网船、流网船三十余只，每年一船之收入，平均约为五百元。

雅桥港：在十圩港之东北约五里，该处有鱼行一家，经营之鱼类及销路与十圩港同。丝网船二十九只，本地船一只，渔民共约二百人，总计两季之渔产价值，约有一万三千余元。唯由该鱼行所经售者，仅六千余元，余则皆为江阴之收鲜船收去云。

天生港：天生港分上天生港与下天生港两处，鱼行一家，分设于两港港口，经营之渔业亦与上述相同。该港有渔船四十余只，渔民三百余人，均自吴县来，每年渔产约值一万八千余元。

六助港：该处渔业亦分春夏两季，渔船有八十只，属于本地者三十四，余均来自吴县，渔民约共三百九十余人。该地有鱼行一家，每年营业总额达二万四千元。鱼类与销路，亦均与上述相同。又有黄花鱼渔船两只，各载重五六百担，闻本年春季营业成绩甚佳，每船所获在三千元以上云。

新港镇：为靖江县中渔业最盛之区，除长江渔业外，尚有黄花鱼渔船约二十只，计本年经营渔业者共十二只。成绩亦佳，获鱼三百担以上者十一只，二百担以上者一只。唯上项渔船，因恐海盗之垂涎，仅捕二汛，而获利已多。至于长江渔业，亦均不外如上之所述，每年总产量六千余担，价值十二万元。此外尚有本帮渔船二十七只，渔民百余人。湖北帮滚钩船二十余只，渔民百八十余人。吴县帮渔船十一只，渔民六十余人云。

五圩港：有渔船十余只，鱼行一家，渔业不甚发达，每年两季之营业总额，仅二千余元。

1958 年 5 月，原属江阴县的新建、新兴、新荣、新生、新民 5 个渔业初、高级合作社划归靖江县，10 月建渔业公社。1983 年撤销人民公社，建立各乡（镇）人民政府，渔业人民公社划建八圩乡，原八圩人民公社划建城南乡。因此，新中国成立后靖江的渔业集中于八圩地区，1985 年在八圩设立渔业总公司，其余 7 个渔业分公司分布于敦义、东兴、新港、季市等地。20 世纪 70 年代前，刀鱼、鲥鱼生产水口多在八圩港至下青龙港之间，其中罗家桥至丹华港口附近水口最好；江蟹、鳗鱼生产水口在上六圩港至西界河之间；河豚、鮰鱼钓钩水口在罗家桥上下、新港对岸的中心沙及和平滩、民主滩。1973 年，国家交通运输部在江阴建澄西船厂，因改变了江水流向，使罗家桥上下渔场缩小，部分专业渔船向长江下游转移，另辟南通刀、鲥鱼渔场。

张长记鸡鸭行

四墩子北街大商家张长保开的“张长记鸡鸭行”久负盛名，被人们称为四墩子商界“八大家”之一。

张长记鸡鸭行夏天开孵坊，在私家屋内用鸭蛋孵出小鸭出卖，在靖江可算是独一无二的了。因为鸭子喜欢水，只有沿江一带的沙上区域，地势低洼，沟河众多，水中活食多，才适宜养鸭。

每年端午节以后，到了适宜孵化的季节，张家就雇船到常州“荣茂孵坊”，运回成千上万经过技术处理的“种蛋”，回到家中铺放在预先准备好的稻草加棉胎的地铺温床上，上面再用厚棉胎盖好。常州孵坊派出的师傅日夜观察，测量温度，还定时定期地指挥人翻滚种蛋，以保证其受温均匀。地铺的四周都有稻草扎成的草龙围着，既保温又防止种蛋滚出来。

经过温床保温以后，不几天就听见到处有微小的破壳声音，预告有幼鸭要出壳了。这时候，师傅就指挥工人将即将破壳的种蛋移放到一处，以免影响其他温度还不到时候的种蛋。很快，先破壳的种蛋裂口越来越大，不一会儿，浑身带湿的小幼鸭就从种蛋中慢慢挣扎着甩掉蛋壳，颤抖抖地爬站起来了。这个时候，一旁守候的师傅高高兴兴地将一只只幼鸭用双手轻轻地捧离温床，集中放在准备好的小鸭篓子里，让它们挥动羽毛，练练脚力，等到幼鸭叫得很欢时，就要开始喂食了。幼鸭吃的是浸泡过的碎米，喂食一两天，身强力壮，即可出售。

别看说得轻松，可这个过程很繁琐，因为种蛋数量多，一批批不同时间出壳的幼鸭要用好多鸭篓子分放和喂养，全家人忙得不可开交。等到顾客上门买鸭时，也要按先后顺序发放，这是为了强化幼鸭的生命强度，保证饲养人买回去后幼鸭的成活率。

幼鸭刚出壳时，一片破壳声和呱呱的叫唤声，十分壮观、喜人。孵出来的幼鸭有纯白的，有黄羽毛的，有黑白相间的，跳来蹦去，实是可爱。因为这成功的喜悦，全家人再苦也不觉得累。

前后忙碌七八天，买小鸭的顾客闻讯纷纷赶来。最少的买几十只，最多的买几百只。买千只以上的几乎没有，因为大鸭多以散养为主，要让它到小沟小河和稻田寻觅活食才能快速成长，单吃粮食是不行的，所以人们不敢养太多。

家庭孵坊最怕的是经常有蛇光顾。因为种蛋破壳时腥味太大，招引不少蛇虫进屋叼食出壳的幼鸭。但是蛇吃了幼鸭，肚子撑大了走不了，便常被守候的人用火钳夹住打死。张家地基上因土质有腥味，常有蛇虫光顾。

小鸭卖出去以后，也就 3 个月左右的时间，即中秋节以后，水稻收割后不多天，养大鸭的农户就陆陆续续将肥胖的大鸭送到张长记鸡鸭行来卖了。为什么专门送张家来卖？因为张家在卖小鸭时，多数是不收钱的，只记个账，等到秋节收大鸭时扣除欠账，拿回余款。双方以诚信为本，所以鸭子大了都必须送来张家。更何况张家有稳定的销售渠道——上海大昌鸡鸭行，老客户，随到随收。

其实，收大鸭也十分麻烦。张家要预先准备好不少大小鸭笼子和鸭篱笆（俗称“鸭驳子”，即围住散跑的鸭子不让其跑掉）。在门口收的数量少的鸭子就直接装进笼子里再称重量，结算金额。遇到鸭子数量多的客户，基本上都在稻田里交付。农户先将大鸭集中起来用 1 米高的鸭篱笆围好，然后张家派人将鸭笼子送到田间，农户依次将大鸭装进笼子，再派人抬到张家门口过秤结算。

张家在收购大鸭时，早就雇好大木船在港边等候，鸭笼子装满就上船，船装满了就由张家指派专人押船开往上海十六铺码头，货到立即通知大昌鸡鸭行下货。老板张长保从旱路坐车赶去大昌鸡鸭行结账。

上海的居民对苏北的新鲜大鸭真是太喜欢了，鸭子很快就被各地菜场抢光。

张长记鸡鸭行夏天孵小鸭，秋天收大鸭，春季做买卖“芋头种”生意，冬季做加工棉花生意。一年四季生意接生意，有条不紊。

苏北里下河一带地势低洼，多种芋头，但须到外地买回芋头种苗种植。而靖江沙上一带老百姓，很会算经济账。每年种下的芋头，到收获季节，只舍得食用芋头脑头和部分坏芋头芽子，品相好的芋头芽子要保留下来，选择向阳的地方，挖个洞，垫上稻草，将芋头芽子藏进去，再覆上土埋好，使它冬天不被冻坏。到第二年春暖花开时，将芋头芽子从洞里取出来，完好无损，除留下少量种子自家育苗，其余种子全部卖到街上“芋头种行”去，挣个好价钱。

张家看准这个商机，大量收购芋头种。等到里下河商人的船到了，停在港边立即过秤装船。多的时候有好几条船同时到达。里下河一带的芋头种商人都知道张长记的名声，不用通知，每年如期赶来。

冬天到了，张家有3部轧棉机，帮助百姓将籽棉加工成棉皮。另有2部弹棉花机（土话叫“蹦棉机”），帮助百姓将皮棉精加工后，用于纺纱织布和铺棉衣做棉胎。整个西沙加工棉皮和熟棉花的，独此一家，所以张家生意一年四季都很兴旺。

公私合营以后，张家的棉花机被收归供销社，张家两姐妹也调去供销社，帮助集体加工棉花，凭计划供应给老百姓。

何本萬肉店

四墩子大石桥东头，第一家坐南朝北的店铺，即“何本万肉店”。

由于桥头和港岸的地势较高于街面地势，肉店的西山墙有一半被港岸挡着，只能在山墙的上半段开设几扇木闼子窗户，窗户内里横吊着一根木棍，木棍上挂着猪油、猪大肠、猪肝、猪脚爪、猪尾巴等猪下脚料，远远地让行人看见，表明这就是肉店。

人们走进桥头肉店，就清楚地看见肉店大门内很长很厚的肉案板，新鲜的大片猪肉摆在肉案上，听凭顾客挑选。尽管大门外还有一张倪正友的露天肉案，但丝毫不影响何本万肉店的生意。因为人多，购买力强。

肉店老板何本万与倪正友同为四墩子东北角三圩埭人氏，都是以卖肉为生，不过何本万有自己的店面房，风雨无阻，不受天气影响。

只是何本万的儿子何鞋章不肯子承父业，他从小跟张明风学了裁缝。等到何本万年老了不开肉店，何鞋章就自己开了裁缝店。由于地址好，何鞋章本人待人和气，善于交友，生意倒也不错。

20世纪60年代末，四墩子的所有裁缝集中在原常赞堂饭店旧址上，开办了“太和服装厂”，何鞋章被选为厂长。后来，何鞋章被选为太和居委会主任，服装厂扩大品种规模，改名为“太和综合厂”，何鞋章以居委会主任兼任厂长。

旅馆业

隆門客棧

清末，有陈姓人家在靖城西厢老街东首开办了客栈。因客栈直面城楼西门进出的人群，位置极佳，故店主取名“隆门”，意指出城门进店门，生意兴隆。

隆门客栈不大，东面 8 间平房和北面 7 间平房相接成“7”字形。屋前不足 20 平方米的空地中间有一口古井，井深水清。井旁有一棵古槐，浓密的枝叶将古井的上方遮得严严实实。夏天，这里是住客避暑、纳凉的好去处。

平房全是五架梁，砖木结构。由于风雨侵蚀，房屋后来已破旧不堪，杉木门窗表面已现“肉松”状。屋面漆黑的油渍虽几经石灰水粉刷，仍泛出块块黄黑斑，仿佛一幅幅烙烫的图案。

每间客房设 4—5 张简易床，1 张长方桌，桌上 1 只竹壳水瓶、4 只玻璃杯、1 盏美孚灯。墙壁上贴着财神年画，上方财神手捧元宝，下方赐祝“财运亨通”。

每逢春季、冬季，隆门客栈生意最红火。如皋、泰兴、兴化等地贩羊的、贩苗猪的、卖大米的、做小生意的纷至沓来。客人最忌的是和羊贩子同舍，因为羊贩子满身“羊臊气”，所以店主会特意预留几间作为羊贩子的包房。

隆门客栈的兴隆带动了周围小店的经营。邢长兴羊肉店每到冬季每天烧几大锅羊血、羊肚汤，专供小生意者温饱取暖，经济实惠；瞿记小馄饨店增加了“北方面饼”；卖蒸饭、油条、豆浆的早上主动送餐到隆门客栈；每到傍晚，卖绿豆粥的、卖油炸臭干的便聚集在隆门客栈四周。人气一旺，客栈门前的路两旁全是小摊小贩。

久而久之，这里便成为集市。

骥新楼

20 世纪 40 年代的靖江城西门外，交通码头近在咫尺，虽非大型港口，却熙熙攘攘，商贩、行人络绎不绝，热闹非凡。那时，“骥新楼”旅馆作为西门街上的标志性建筑，静静地矗立着，其 4 间门面的小楼在那个时代可谓罕见。

旅馆的主人谢祖文是个有故事的人，他建造了这座小楼，开设了骥新楼旅馆。旅馆不仅包括这座小楼，后面还连有几进房子，共设有十几个房间。旅馆有整套的管理制度，旅馆内的服务员需经过培训才能上岗，住宿的旅客到骥新楼都能享受到体贴温馨的服务。

在骥新楼的对面，还有一家西新旅社。

新港老街客栈

民国时，新港老街迎来了短暂的畸形繁荣。最鼎盛时，新港有大小旅馆40多家。

其中规模较大的，有殷志珍开设的复兴饭店，陆近仁开设的东南饭店、四海旅社、五湖旅社和新公茂客栈，徐锡华开设的大方旅社，这些在新港老街上属于“头等牌子”，每家都有大大小小20多个房间，主要面向大客商与贵宾。中等规模的客栈，有三江、交通、交商、金陵、新记、王公茂、刘长兴等，每家有大小不等十五六个房间。余下小客栈为数众多，有的七八个房间，有的三四个房间，有的甚至是通铺，遍布于新港街上。

即便新港老街当时有堪与靖城相当的客栈业，但在新港昙花一现的短暂繁荣时期，依然难以满足过往旅客的住宿需求。很多行人因难以订到房间，只能在旅馆内打地铺，有时柜台、长凳上都睡满了人，甚至还有旅客只能露宿在街边的轩棚里，打着瞌睡熬过长夜。

三益客栈

四墩子镇向南不远就是有名的夹港码头。因为夹港口与江对岸的利港口之间的江面最窄，大白天如果视野清晰，两边的行人走动，互相都能看得见。两港口之间常有木船来回摆渡，接送人员南北往来。江南常州地区的人要到苏北地区经商办事，经利港口过江最方便。苏北靖江和泰兴地区的人群要去江南地区经商办事，经夹港渡口过江是最佳选择。这就决定了夹港口成为苏南苏北的交通要道。但要去夹港码头渡江，必须途经四墩子，这是唯一线路。

苏北方向的来人一旦赶不上渡船时刻，唯一的办法就是选择在四墩子找客栈住下来歇歇脚，第二天再去码头。这也造就了四墩子多家客栈的诞生。

其间，马恒祥的“三益客栈”位居四墩子街中心，东隔壁就是常赞堂饭店和几家小吃店，方便过往旅客的饮食起居，是客人的首选。马恒祥的三益客栈门面虽小，但名声不小，不少从江南来四墩子求医的病人也常住这里。

四墩子一年中有农历三月十八和七月七两次大庙会，是商贸大交流，人山人海，热闹非凡。外埠来此的客商前三后四，总要找地方住下来，多经营几天，抓住商机，不肯轻易放过。所以，仅有的几家客栈远远不够，有的客商还要到附近的村庄求民宿暂住。

合興旅社

四墩子北街的西首有一家老旅社，叫“合兴旅社”，老板谭广富，后传给儿子谭正春（小名“谭大稳子”）。

合兴旅社虽地处四墩子北街，但来往客商不少。他家接收的客商都是大街上三益客栈不让住宿的人群。

他们有的是从扬中八字桥挑担子卖小鸡仔的，有的是从泰兴推小车子卖花生的，有的是串街走村卖爆米花的，有的是挑担卖老虎糖的和耍猴赶集之类的。

因为这班客商都有行头担子或箩筐推车等物件，小客栈不好放。只有谭家合兴旅社门口有一块100多平方米的空场地，旅社本身也兼做鸡鸭生意，场地上放了不少竹篓子，故而不在乎客商有多少车马行李，很符合这一类商贩的需求。而且这班人一旦住下，往往要住很长时间，2间床位经常客满。北街的小孩子也喜欢到旅社来看喂小鸡、小鸭的快乐情景。

正街上的客栈老板也常常介绍这类挑担客商到合兴旅社住宿。

车行与木作业

木材业

靖江西沙的陈锦章，号称“木大王”，原住新镇市附近的斜埭，他继承其父遗留的木行资财，与其兄锦铨在清光绪年间，先后在新镇市、生祠堂、广陵镇等地开设陈铨记、陈锦记、陈林记等木行。其人工于盘算，精明干练，具有高度的识别力，对各种木材名称、产地、规格、质量都很娴熟，深得口岸大木商、湖北帮刘汉舫的赏识。因此，凡遇大批木排运抵口岸时，均先由陈锦章拆卸挑选，提前做排，运回销售；刘汉舫赴木材产地购货，货款陈锦章全力支持，他们互为利用，结为知己。陈锦章资本逐步雄厚，至民国初年已分别在江阴、常州、泰州、泰兴、扬中等地设立木行，控制南北市场。

从 1912 年到 1927 年左右，靖江的木行大都通过陈锦章的关系而设立。如烧香桥王镜如与刘汉良合开的“王恒丰木行”、刘蔚南在季市帮周蔚青开的“恒吕生木行”、周良辅开的“永太源木行”、靖城黄公植开设的“同盛木行”、孙振林在挂钩圩开的木行等。1928 年，孙乐山由周良辅介绍至口岸接到青山客，在烧香桥开设“同源木行”。以后孙乐山与刘沛霖相熟，于 1930 年以刘沛霖为主，集资 7000 元，采用陈锦章的剥削方法，经营3年，获利3万余元。后刘沛霖为了进一步发财致富，于1934年筹集资金7000元，在季市东桥口开设“裕润木行”，并在孤山、土桥、柏木等处分设支行，控制靖江东北木材业市场。当时因缺少排钩手，而孤山孙子善原开木行，资产少，刘沛霖蓄意挤垮小木行，即以月薪一石五斗大米的高工资利诱其工人张育信、钱志中等。张、钱见利思迁，孙子善被迫投入刘沛霖的裕丰木行，成为股东。一年后，刘沛霖又借口要购进大批木材，须各股东挺款，否则原股拆出。孙子善不知是计谋，只好自动退出，失业回家，刘沛霖达到了排挤的目的。

1937年日寇全面侵华，刘沛霖预知不妙，即将各处木行及所开钱庄全部停闭，携带账款挈眷赴沪，陆续向各股东拆清账款，木行暂告段落。

1946年，刘沛霖与朱纯伯通过江西大木客李志道的关系，集伪币7000万元，由毛韵秋担任总经理，在江阴设立“华成木行”，在靖江刘益村桥设立“华记木行”。1947年，褚文襄等在烈女庙集股开设“同润木行”，在西外石乌龟桥合股开设“同华木行”。货源均由李志道赴江西南昌等地采购，回来由毛韵秋统一分配，形成垄断局面。

华记木行经营一年，获利数倍，为了逃避所得税，于1947年换领新帖时，迁至南门外肖家园，自搭棚屋，改名“江安木行”。在此期间，金玉崐与孙毓琛、蔡正荣等羡慕木行利润大，即在迎春桥合股开设“润康木行”，孙同康、刘闻一、刘桂枝、卢凤岐等集资在烈女庙合股开设“同昌木行”，邵根生、陈保义等在黄店桥合股开设“宝昌木行”，胡承道在西河沿合股开设“锦源祥木行”，臧土奇等也在锦源祥的西面合股开设“同森木行”，马昆乔等在南门外天后宫合股开设“大兴木行”。孙乐山、褚文襄等所开的江安、同润、同华等木行在毛韵秋全权掌握之下，倚仗资本雄厚，树大根深，为了挤垮小同行，达到垄断市场目的，勾结大木客李志道径向江西、湖南等省采购，围篾宽大，木材运回之后，按南京、镇江等地批发价出售。一般新生的小同行都是就近购货，营业相当萎靡，当经协商，跟盘脱手，仅从围篾中取利维持。如逢江安脱货之时，即行抬价兜售，同时大力拉拢木匠，朝夜吃喝，招揽生意。由于双方竞争，故结成冤家。

1947 年秋，顽军二十三师盘踞靖城，拆毁民房，构筑碉堡，缺少木材，顽副旅长范学增派遣军队至江安木行强抢大木材 51 根。稍与争论即拳足交加，职工数人身受鳞伤。各小单位诚恐同类事件发生，负担不起，因而集议如有强抢木材之事发生，按各行资金大小，以比例分担，并且对外严守秘密，此举加强了同业的团结。果然未几，锦源祥木行被抢去小木材 400 根，由同业按比例分担。

森泰木行

四墩子的木行，是靖江西片最大的露天大卖场。其最大优势是因紧靠长江，水路运输方便。

四墩子周边数万人口，村庄林立，砌房造屋、打造家具都需要木料。夹港条件得天独厚，港口宽阔，港内多有船舶往返，水路交通十分方便。在这里做木材生意，是个很不错的选择。

家住四墩子北街头的朱顺保，临靠港边港滩高岸上造有前后两带瓦屋，房屋南北两侧都有宽阔的港滩空地，无人种植庄稼，可以堆放大批货物。朱顺保看中了这块天然的露天大卖场，决定开木行做木材生意。于是，太和镇“森泰木行”应运而生了。

在那个年代开木行可不是件容易的事。木行老板在春天就要亲自赶到长江上游湖北、江西等木材开伐区，看好木料，订好价钱和数量，画好记号码子，打好根部穿孔（方便互相连接），然后运往选好的江边口岸，雇人将木材编结成木排，再雇用专职放排工人押着木排，顺着水势往下游趟走。木排数量多，雇人也要多，因为每个排上至少要有一个水手随时调控木排的走向，首尾都得相顾。不管风吹雨打，水手吃宿都得在排上，因为靠的是水流速度，不是撑篙能解决问题的。所以日夜兼程，放排到目的地，少说也得一二十天时间，途中十分辛苦和惊险。

等到木排顺利进港到达目的地，老板付清押排工人的工钱，让他们乘车返回。然后，木行就开始营业了。

木行生意开始时需要雇许多人临时帮忙，因为买木材的顾客都要拆排挑选自己需要的材料，精明的客人都带了木匠师傅来选料，避免不足或浪费。他们将选好的木料拉到港滩上堆好，由木行经纪人现场查看木材根部的记号码子，收账的先生根据码子折算成立方，然后乘以每方卖价，即得总价。客户交完钱就可将木材用小推车拉走，或人工扛走。有的客户带了木匠现场断料，方便运输。在这期间，木行内的人到处都要照看好了。因为木排刚到家，看货的人山人海，港滩上都是跑来跑去的顾客。

靖江西沙只有朱顺保一家木行，远近的人全奔这儿，所以他家生意特别好。最多的时候，他放回来的木排从四墩子石桥头排到中兴桥桥头，足足一公里多的港面上全是木排。

在没有钢筋水泥造房子的时代，家家户户少不了木材。

当木行将大批好成材卖完以后，剩下来的次材就雇人全部清理上岸堆起来，慢慢卖。老板再筹备来年放排事宜。因为一年之中秋冬水小不能放排，一定要抓住水位高的时节。

朱顺保的森泰木行开了许多年。

民森木行

在朱顺保的“森泰木行”彻底败落后不几年，由四墩子北街的王春保发起，联合陆桂林、张义高、朱锦荣等人，新开了“民森木行”。毕竟木材生意还是很挣钱的，老百姓的生活离不开木材。

当时，王春保住在港西，陆桂林、张义高等人住在港东，说话议事十分不便。于是第一批木排到港后，他们首先利用这批木材，选在王春保家大门北侧一处恰好对准港东陆桂林圩头的位置上，请人架起了一座大木桥，北街人就叫它“北桥”，这样既方便了木行合伙人之间的联系，又促进了港东港西人们的交流，对木行生意的拓展也带来了好处。

此木桥一直到20世纪70年代初，因无人修补而自行烂毁。

民森木行经营晚期，港东的陆桂林利用残留的木材开起了棺材铺子，倒也生意不错。

錢少龍木車行

民间所说的“木车”，即农户们使用的木质独轮车，是一种人货两用的运输工具，有大独轮的推车，也有小独轮的推车。大独轮手推车是两侧放货物或坐人；小独轮车上面是平的，以装运货物为主。这种小推车在苏北地区和山东省内到处都有，再难走的泥泞小道，它都可以通行。不过，因为是独轮，所以手推要有技巧，需掌握好平衡。

靖江沙上地区都习惯用大独轮车送媳妇或老人走亲戚。

木车虽多，但会修理这种车辆的人和店极少，一般会造房子、打家具的木匠，却不一定会修理这种独轮车，特别是车的轮子边框和中轴之间的连接很有技术含量。它的轴心是用檀木做的，经得起长途滚动磨损，两旁的耳子是用桑木做的，其他部件都是硬质好木料。好的小推车油抹一下，光滑透亮，就是一件真正的工艺品。

据木工师傅介绍，一辆小推车上的榫头数量，相当于造3间普通房子的木结构榫头数量，可见造一辆木车的难度。

四墩子北街的钱少龙就开了一家木车行，专门修理这类独轮小推车。因为这是“绝技”，来修车的客户还真不少。

木车最易损坏的是中轴心。如果推车人没看清前头路面，偶然遇见一段豁口，一不小心往豁口上一顿，受到大力振动，轴心就要折断。有的时候推车人掌握不住平衡，一个侧翻，轴心也会立马折断。而正常行驶中，轴心上只要加上一点儿豆油，推行起来就十分轻松。

到了20世纪70年代以后，独轮木车就很少使用了。

常德車行

季市石桥头有一个“常德车行”，这个车行不是自行车行，因为在那个经济落后的时代，自行车对普通老百姓来说还是奢侈品。这是一个专门生产木制手推独轮车——季市人称为“仨车”的车行。

常德车行的老板叫张福元。张家世代制造独轮车，张福元已是车行的第六代传人。由于他家生产的独轮车质量特别好，所以生意十分红火，周边数十里范围内的购车人均慕名而来。每天，造车的伙计们锯的锯、刨的刨、凿的凿，叮叮咚咚，忙得不可开交。车行的灯火常常延至深夜。

靖江、泰兴、如皋一带将这种中间有棚架的手推独轮小车称为“仨车”。仨车长约 1.5 米，宽不足 1 米，全车用木头做成。苏南人将这种只有长江以北才有的独轮车称为“江北小车”。

新中国成立前，手推独轮车很流行，特别是在农村，随处可见。男人都会推这种车，老百姓载人载物全靠它。那个年代，农民推车送公粮，独轮车排成长长的队伍，浩浩荡荡，蔚为壮观，成为一道类似如今小汽车车队的风景线。年轻人送老太婆出门走亲戚，农民送病人进城看医生，建房子运砖瓦，也都用独轮车。

连妇女回娘家也坐这种车，棚架一边绑一车椅，车椅铺一条毛毯，供女人坐；棚架另一边放些包裹物件。丈夫推着，一边走路，一边和老婆聊着，很有情调。夏天为了遮阳挡雨，就在车中间的棚架上绑一把阳伞——这在那个年代也是很时尚、很风光的。

民间有句俗话“小车不倒只管推”，还有一句“推得好，不如屁股扭得巧”，说的是推仨车的功夫全在屁股上。农村里卖大猪总用仨车。如果卖两只大猪，则一边绑一只；如果卖一只大猪，捆绑在车的一边，另一边放些与猪差不多重的东西压重，以保持车的左右平衡。也可以一边坐人或载物，车夫将车侧着推行，力气大、本领好的车夫可推四五百斤的重物。

仨车的制造工艺十分严谨，以榉木、榆木、槐木、桑木、柞木、檀木等硬杂木为材料，从车架到车轮，不用一根铁钉，全是榫卯结构。全车的榫头和 3 间平房房架的榫头一样多，各部件尺寸要求十分严格精确。尤其是车轮，18 根衬从轴心向轮盘均匀放射，要凿 112 个斜眼，分档计算必须十分准确。没有图纸，全凭经验。仨车车行的工人都是凭技术吃饭，人称“车匠”。打造一辆仨车，一个能干的车匠也得花 10 天时间才能完成。

仨车不仅是老百姓日常生活中不可缺少的交通运输工具，在战争年代军用物资运输方面也发挥了巨大作用。

在著名的淮海战役中，支前民工用 88 万辆手推独轮车为军队运送物资，其运输能力相当于如今的 2 万辆卡车。陈毅元帅对此曾有经典评价：淮海战役的胜利是人民群众用小车推出来的。

渡江战役中，十几万支前民工推着仨车为前线运送粮食和枪支弹药，为战役的胜利提供了强有力的物资保证。

随着时代的发展，新中国成立后，有人把手推车的木轮改为橡皮轮胎，这样推起来既轻便又省劲。不过 20 世纪 60 年代以后，随着胶轮板车和三轮车的出现，这种手推独轮车逐渐退出历史舞台，成为博物馆中的陈列品了。几乎是同时，经过六代传承、有着百年历史的常德车行，也随之从季市街头消失了。

竹篾业

達利藤竹部

藤编制品最早出现在唐代，广东儋州、琼州（今海南儋州、港口）等地百姓以野鹿藤编织成帘幕，有的还编有花卉、鱼虫、鸟禽等图案，工艺精湛、式样美观。清代屈大均《广东新语》中记载："大抵岭南藤类至多，货于天下。其织作藤器者，十家而二。"说明清代岭南地区藤编已广泛流传。制作藤编主要用藤条，因其外皮光润平滑，色泽手感俱佳，似篾而非篾，又称"藤篾"。

清代蒋中和写有"靖江八景"诗，其中《村园春槿》一诗有句"千寻瀑布悬山麓，百岁藤萝卧水涯"，说的是靖江的水边到处可见藤萝。据县志记载，靖江的花木中，藤本类花木品种有紫藤、凌霄、木香、葡萄、扶芳藤、常春藤、络石、金银花、爬山虎等，其中制作藤编以紫藤质地最佳。

民国时，靖江报业有《民锋日报》《靖江日报》等，除宣传革命思想，也有诸多商家在报上刊登广告，一方面商家扬了名，另一方面报社解了经费之忧，是共赢之举。其中一份《靖江日报》上，登载着"达利藤竹部"的广告，广告中只载其地址位于西门外，其余创办者、经营内容俱不详。

1917年，学宫（孔庙）内的乙种工业学校增设藤竹科。1926年，该学校因战事停办，此后未有恢复。靖江的藤编业，可能便是在民国年间藤竹科设立的9年里，短暂地闪亮于当时社会。达利藤竹部，是靖江目前唯一可见的、最早的关于藤编的老字号，虽然商铺已难觅踪影，但或许靖江在此后至今的近百年时间里，家家户户流行的藤凳、藤椅，人们于夏日纳凉、在冬日暖阳下关于藤凳藤椅的怀旧回忆，便是由此而来。

季市竹器社

靖江向有“竹乡”美誉，素来盛产篾竹器具，产品多销往里下河地区。这与靖江的传统民居建筑形式紧密关联。早在唐宋时期，靖江这片土地便有了先民围垦筑田，建宅定居。最初多为低矮土草房，若干房屋连排成“一”字形，成为“埭”或“垈”，与围垦沙田所筑圩堤一起发展，逐渐形成村落。明清时期或者更早之前，靖江地区开始出现瓦屋，民居建筑分为“实盖”与“冷摊”两类。“冷摊”是较为简易的瓦屋，俗称“冷摊屋”。实盖瓦屋中，地主的庄屋和庄房是规模最大的一类，基本格局为四周围河，俗称“圆沟”，房屋坐北朝南，向南一面河上仅建一座桥以供出入，桥中段设仓门或设一节活板，可随出入而开关，沙上地区还有的做成吊桥的形式。庄房一般为杉木架梁，青砖砌墙，小瓦盖顶，屋前有大晒场，屋后有大竹园，西、南河边一般设有茅屋，为长工住所。过去庄房后的大竹园是家家户户均有的，春天可挖笋，冬天可斩竹用于生活所需。由此，靖江成了远近闻名的“竹乡”。

1916 年，乙种工业学校在学宫（孔庙）内设立，次年学校增设藤竹科。1933 年，靖江篾竹器具主要生产有淘箩、笼、篩、席、篮、畚箕、斗笠等，另有少量芦菲、窝折编织。1954年，全县从事竹器业的人员，绝大部分散落于农村，城市从业人员极少。1957年，全县70%以上的篾匠参加生产合作社（组），产品以竹制农具为主。20世纪70年代中期起，竹篾业转为藤、柳编织和生产竹、藤家具，竹制农具产量急剧下降。1985年以前，靖江全县竹、藤编织和家具制品产值尚可，但之后金属、塑料日用制品增多，竹藤草柳制品滞销，产量快速下降。

季市竹器社于1958年创建，1972年更名为靖江县竹器工艺厂，主要生产面包篮、孔雀花瓶、花篮、花盆架、香烟盒、水果盒及各种动物形状的竹制工艺品。随着市场需求的不断变化，季市竹器社从竹器制品转向竹藤编织等工艺品。在更名的同一年，成立了外贸工业竹器设计组，产品顺利打入国际市场，远销美国、英国、丹麦、新加坡等国家，外贸收购额10万余元。

由季市竹器社发展而来的靖江县竹器工艺厂，其产品曾在20世纪畅销了约半个世纪，为靖江“竹编之乡”的美誉传播起到了重要作用。但随着经济社会的发展，竹编的市场需求逐渐减缩，篾匠大多转行，靖江竹器厂已于20世纪90年代停产。如今，乡间竹园已不多见，仅在乡镇还有少数篾匠从事竹编行业，传承着靖江的传统竹编技艺。

廣陵竹編

位于孤山镇西北角的广陵村，竹编历史悠久，能工巧匠众多，编织的竹器有日常家用品，更有供欣赏的艺术品，名扬海内外。

竹器制作，首先是劈篾，手艺好的篾匠劈出来的竹篾厚薄一致。成片头层叫青篾，余下的叫黄篾，又分为头黄、二黄、三黄。在手艺高超的篾匠手里，一分厚的竹片竟可连劈成十几层薄如蝉翼的篾片。篾片还可以劈成篾丝，一寸宽的篾片可以分劈成上百根细如秀发的篾丝。篾片、篾丝的厚薄、粗细，根据制作对象的要求决定。其次为编织，有挑压编、绞丝编、三角眼编、六洞眼编、虎头眼编等编法。

竹编工艺品的品种多达上百种。有用漂白篾丝编织的花瓶，有用加彩篾丝编成的花篮，还有用各种不同质地的篾丝做成的果盘、茶盘、餐具、挂毯等。

广陵村是靖江有名的竹编村。最兴盛的时期，几乎家家从事竹编。广陵村侯吉甫做竹编有 70 年的历史，手艺炉火纯青，他编出来的竹器扎实而富有弹性。广陵村还有钱良兴、陈秀珍、吴金林等人，也常编制一些竹制品。

20 世纪 90 年代以后，竹器市场需求大量减少，竹编产品日益减产。

錢興元竹行

四墩子除了木行，还有竹行。四墩子北街的钱兴元就是竹行老板，他屋前的一块大场地就是竹行的露天场所。

在四墩子农村，老百姓的竹子都得经过竹行才能批量卖出去。外地来四墩子收购竹子的客商，也要到竹行找到钱老板才能买到成批的竹子。钱氏竹行有一班专职人手，对四墩子周边农村哪家竹子好卖、总量有多少等，都掌握得十分清楚。他们可以根据客商需求量的多少，来选择卖竹的村庄和农户。

靖江沙上地区由于土壤和气候的关系，很适宜竹子的生长。沙上百姓选择建立村庄时，都有一个习惯：屋前要有菜田，屋后要种竹子，前后都要有小河，方便生活用水。种竹子是沙上老百姓的主要经济来源。

旧俗访亲要看“三子”，即“小伙子、房子、竹子”。这表明竹子是当时家庭生活的重要保障。自家砍上几根竹子，就可以上街换得柴米油盐。所以沙上农村几乎家家户户都有竹子，只是数量多少而已，称沙上是“竹乡”毫不夸张。

但竹子也不是随便乱砍的，有个规矩叫作“三年塌两头”：竹子不到成熟期满，不可乱砍，否则会影响竹根的正常生长，影响来年的出笋率。竹行的老板和经纪人很懂得这门道，并不随便砍卖未成熟的竹子。

竹行内有一班配套的专职人手，有熟练的刀工，有做记号“刻码子”的记录员，有专职称竹子的长秤砣大秤，还有算账的账房先生。其中最有技术的是“刀手”，农户最巴结刀手，因为有规矩：成材的竹子，根部只准前后左右共砍 4 刀。如砍到第 5 刀，户主就要找麻烦，多砍一刀会影响竹根来年出笋。有的竹子只可以在 3 刀内倒下，不可乱砍的。

称竹子的大秤也很有讲究。它用的是长线吊砣，称竹子时常常在秤砣下面粘上泥巴，稍粘上一点儿，秤上的实际数量都有不小的差额。一般情况下，竹行是偏向买货的客商的。因为新竹水分多，买主几天后回到家发现损耗太大，吃了亏下次便不来了；而卖主没有秤，无法掌握实情，一切都是竹行说了算。

竹子砍倒后削除竹枝，用竹篾打好捆，称好后经纪人在竹根部位用破瓷片刻上码子，表示该捆竹子的重量。这些专用数码只有竹行人和客商认识，别人看不懂。

整批竹子交易结束，竹行雇人帮助客商将竹子扛到出发的港口，结扎成竹排，帮客商雇专门水手放排回去。因四墩子有夹港这条水路通道，所以做竹行生意很便利。

一般竹匠师傅买少量的竹子回去编制竹器，只需到竹行内挑选即可，不需要到乡下竹园里去选购。

扶桃新谷

木行

大批上等廣木

靖江日新華商店代派

晨報

内容

每日出三大張

每月洋七角

全年定洋七元

手工制作业

唐記與盛記称店

季市镇的唐记秤店店主唐荣生和盛记秤店店主盛满华回忆，从他们的曾祖父起就开始钉秤，他们已是第四代传人，至今已有近百年历史。

旧社会重男轻女，钉秤手艺传男不传女，也成为行业俗规。唐、盛两家的先辈除在季市镇上有秤店，在农村大忙时，还挑着秤担子下乡。秤担子一头是工具箱，一头挂的是大大小小的木杆秤，他们走村串埭一路叫喊："钉秤哦！钉秤哦！……"

钉秤有一套操作程序，计有选料、晾干、生石灰浸泡、刨光、打磨、上漆、安装秤钩、提钮、托盘、刻度以及打眼、嵌银丝（或黄铜丝）、包铜皮等 26 道工序。选料是头道工序，要选择楠木、紫檀、枣木、柞木等高档硬质木料。这些木料不易变形，且经久耐用。秤杆坯料要放在通风处，阴干一年方能使用，再插入生石灰内一个月左右，以防虫蛀。刨秤杆难度最大，杆头要小，杆尾要尖，中间微鼓，又圆又直，稍有疏忽就是废品。刨好后，一边用水冲，一边用砂皮纸反复打磨，直到光滑发亮。秤杆定型后，在两端包上黄铜皮，既美观结实，又能防止破裂。刻度时，选用重量不同的砝码，根据秤杆的长短粗细刻上表示重量的秤芯。一般小秤刻至 50 斤，用于称小件物品；用于称青树、大猪、谷物等大件物品的大秤，通常刻至两三百斤，最多刻至 500 斤。秤上有两只提钮，秤端一只提钮看面花，称大件物；另一只提钮看秤的怀花（面向持秤人的一侧），称小件物品。

钉秤师傅很讲良心和职业道德。在旧社会，一些商人为了多赚钱、赚黑钱，要求钉秤人在制秤时做手脚，同样大小的秤，一只重、一只轻，买进用重秤，卖出用轻秤，所谓“重进轻出”。或在秤砣上做手脚，临时往秤砣里灌注重金属铅之类，增加砣重，赚黑心钱。买秤者的此类要求，都会遭到有道德的秤匠们的拒绝。他们牢记祖先留下的关于“秤星”的传说。相传 16 两秤星（新中国成立后改为 10 两制），每颗星是一个星宿，它们分别是北斗七星、南斗六星，以及福星、禄星和寿星。据说在秤杆上嵌这 16 颗星时，颜色必须是银白色或金黄色，忌用黑色，寓意做生意的人心地要纯洁、善良，不能昧良心、没道德。此外，银白色和金黄色镶嵌在黑褐色的秤杆上比较醒目，容易辨认。买卖东西倘若短斤少两，必遭报应——少 1 两叫“损福”，少 2 两叫“伤禄”，少 3 两叫“折寿”。当然，也有无道德的秤匠为了做成生意而迁就客人钉黑秤，不过这样的人极少。

随着科技的发展，如今的衡器品种林林总总，有电子秤、弹簧秤、磅秤、天平、戥子，等等。但一般老百姓仍以使用木杆秤的居多，因为木杆秤携带和使用都很方便，这也是季市的唐记、盛记秤店至今生意不衰的原因。

常民鐵匠铺

老话说："人间有三苦，撑船、打铁、磨豆腐。"

铁匠这个行当是"人间三苦"之一，但又是人们日常生活中不可缺少的行当。每个家庭里，厨房用的菜刀、炒菜用的铲刀，土灶用的火叉、火钳，日常用的锤子、剪刀，种田农具中的小锹、大锹、板锹、钉耙、锄头、镰刀、铁叉，乃至耕地用的犁头等物，木工造房用的扒钉、墙巴子，造船拼木板用的拼钉、锚链、铁锚、镐头，肉店用的各种刀具和挂钩等，铁件家什，大大小小，无一不是由铁匠师傅精心打造出来的。少了铁匠，还真的无法生活。

铁匠活，苦就苦在每一个大小物件都要自己一锤一锤敲打出来。小件一个人锤打，大件要两三人共同锤打。铁件冷却速度很快，所以烧红了的铁块打不了几锤就冷了，要再放到炉子里烧软了再打，所以没有千锤百炼，一件铁件是成不了成品的。铁匠的汗水就流淌在这千锤百炼之中。

因为铁件打造的时间长，所以铁匠店天不亮就生炉子了，是全镇起得最早的店铺。只要听到叮叮当当的打铁声音，人们就知道天亮了，该起床了。

四墩子传承时间最久的老铁匠店，要数“常氏铁匠铺”。

很早之前在泰兴口岸从事铁匠行业的常登富、常登林兄弟二人，带着手艺来到靖江四墩子谋生。他们在北街砌房造屋，成家立业。因为他们以打铁为生，终日不离锅台，所以两家生的儿子都以“锅子”为乳名。

老大常登富生的儿子是大锅子常本富、二锅子常本贵、三锅子常本荣、五锅子常本万、七锅子常本春。老二常登林生的儿子是四锅子常本华、六锅子常本年、八锅子常本立、九锅子常本余。

老大家的大锅子、二锅子从小先后到上海去学手艺，后来大锅子进了工厂。二锅子学开轮船，然后到江苏启东吕四谋生，做了冷藏厂的厂长。三锅子进了无锡县印刷厂，没有学打铁。五锅子常本万继承祖业，学了打铁手艺。七锅子常本春跟常本万一起，在四墩子北街小石桥边开了铁匠铺。

老二家的 4 个儿子都是学打铁的。后来因为四墩子北街铁匠太多了，其中两个儿子就迁到礼士桥开店创业，四墩子北街只留下六锅子常本年和八锅子常本立。

这一群老弟兄中，手艺比较出名的是五锅子常本万、六锅子常本年、七锅子常本春、八锅子常本立。后来常本年因手艺好，被部队首长带到南京兵工厂帮助修理枪械，直至退休，由儿子常加倍顶班。其他几位铁匠在农业合作化中被召入四墩子农具厂。再不久，常本万因家中子女多，靠一个人的工资养活不了家庭，只好申请退出农具厂，在北街小桥头重新开店打铁。

数十年过去了，现在四墩子老铁匠铺的旧址上，是八锅子常本立的小儿子常加余继承了祖业，继续开着铁匠铺。不过除了小铁墩子，加工大件已用上空气锤，前进一步了。

李銀生銀匠店

在四墩子东街常赞堂饭店西隔壁，有一间规模不大的银匠店，老板叫李银生。

这家银匠店门面虽不大，但名气可不小。

过去，但凡条件好一点儿的人家，生了小孩，爷爷奶奶辈的都要千方百计地为孙辈打造长命富贵锁、银手镯之类的物件，作为喜庆贺礼。而妇女们即便戴不起金戒子和金耳环，也要打一副银耳环、银戒子，作为饰品。这些都要到李银生银匠店来打造。

那时，银匠加工银首饰的主要工具有脚踏皮老虎、拉丝机和各种冷热模具。

热模具是用来倒熔化了的银水的，待银水冷却后从模具上扒脱下来，模具上的字样和图案就很清晰地刻印在银器上了。然后进行一些必要的打磨修理，一件成品就出来了。

冷模具是放在工作台上固定好的，工匠将银料搁在模具上敲打，银材质地软，经过反复敲打，模具上的图像就反刻到银器上了。再进行手工清理，打磨成需要的产品。

也有不少产品是不可用模具的，全靠银匠手工精制而成。

常登華箱庫作坊

过去民间有个风俗，在老人去世后的100天或1周年、10周年、20周年等主要纪念日，家中儿孙辈要去坟上烧折好的锡箔银子或黄纸折成的元宝，不可散烧，必须用芦柴扎成的纸箱子和纸库装好，贴上封条，箱库上写清坟内收钱人的名字，才可点火燃烧。民间认为这样烧去的钱，死去的人才能收到。如果两位老人还有一人健在，只要买一箱一库；如果双双去世，要买两箱两库。

一般来说，纸箱中装锡箔银钱，纸库中装黄纸元宝。还有客气的人家，在死者同辈亲戚靠近一起的坟上，也烧上箱库，以示孝敬。

如此旧俗盛行（现在还有），纸箱纸库需求量很大。

所谓纸箱，就是用干芦柴秆子做骨架，扎成高约20厘米、宽约30厘米、长约40厘米的箱子骨架，四周都用白纸或彩色纸贴上，每个侧面还贴有小花纸。顶端有盖子，方便倒银子。

所谓纸库，就是扎成2层或3层，像一幢楼房似的，有屋顶，有门窗，放的黄纸元宝多些。

箱库外表很漂亮，在坟边要点火烧完才可回家。

因为工艺简单，规格和彩纸没有统一规定，所以扎纸箱纸库的作坊有好多家。四墩子东街的常登华家规模比较大，另有屈老金家、王甫堂家、蔡凤岐家、程炳生家和牛广文家。

李俊芳纸馬作坊

刻版印刷在中华民族有着千余年的悠久历史。民间流传的印刷鬼、怪、神灵纸马的工艺，就是古代刻版印刷的一种传承。四墩子的李俊芳就是这种刻板印刷的传承人之一。

李俊芳原是泰兴蒋华桥人，年轻时在泰兴蒋华桥一家印刷作坊做伙计，由于聪明伶俐，得到了作坊师傅刻版印刷手艺的真传。当时的印刷品以土地神、灶神、财神、各种菩萨像等为主，批发到四面八方销售。

蒋华桥这家作坊常年为四墩子几家店铺供货，经常派年轻伙计李俊芳到四墩子送货和收款。一来二去，李俊芳与四墩子不少商店老板混熟了，有时为了等货款，还得在客栈住几天。

长时间下来，李俊芳觉得四墩子是做印刷品生意的好地方，与其帮老板送货赚钱，不如自己来这里开设门店，创业发展。

正巧，四墩子大商家张克裕为了扩大经营，增开了蜡烛坊，需要印刷纸马配套销售，就来蒋华桥请李俊芳去做客师印纸马。考察一段时间以后，刚满 18 岁的李俊芳毅然决然向原来的作坊老板辞职，只身来到了四墩子，踏上自主创业的道路。他先在西街租房子住下，帮张克裕的蜡烛坊印刷纸马，以此为生计。

新中国成立后，李俊芳成家了，他就带着全家来到四墩子，先租赁了四墩子北街孔铁章家住下，打算正式扎根，不再做客师，而是自己开起了印刷作坊。

刻版印刷技艺是李俊芳的看家本领，他会熟练地使用桃木雕刻的各种图像板块。每更换一只模板，都要严格地将它按尺寸固定在工作台上，右侧放一只刷色的盘子，盘子里有刷色的刷子，另外还要准备一把干棕毛刷子。左手一侧将待印刷的一叠纸固定在作台边框上，纸的位置必须与印刷图像相吻合。模板与纸张核对吻合好后，便可以操作了。

正式操作时，操作人先用右手先在模板上刷一层颜料，左手揭一张白纸覆盖在图像模板上，右手拿起干净的横式棕毛刷子往纸上均匀地一刷，左手揭开纸张时，就看见图像复印在白纸上了。这时，操作人将有像的纸往左侧夹纸的木架下端一塞，再揭出一张白纸覆盖在刷好颜料的模板上，右手再用干净棕毛刷在白纸上刷一下，左手再揭开印好的纸张。就这样，双手配合周而复始地揭开、覆上，一张张印好图像的印刷品就完成了。等到左侧一叠白纸全部印好以后，再换上一叠白纸上架，用同样的程序完成印刷。

有些图像还要套上红色、黄色等多种色彩，操作人只要准确地换上模板和颜料刷盘就好了。

李俊芳家有很多套桃木雕模板，印刷不同的图像，就选用不同的模板。这些模板就是他开作坊印刷纸马的资本。

在他的印刷技艺中，最显水平的是“手工切纸”技术。过去买回来的纸张都是一令一令的大规格，又没有切纸机，大纸张切成小纸张，全靠手工完成。操作开始前，他先将一把十几斤重的大片子刀，在磨刀石上磨得锋利，然后将一大沓需要切的纸放在不太高的工作台上，纸上放一块约 1 寸厚、20 厘米宽的长木板，木板的光边对准纸上的线条，然后左脚踏住木板，双手拎起大片子刀，紧贴着木板边，沿着线使劲左右拉动刀口，唰唰唰几下，纸就被切断了，切口处光滑明亮，看不出一点点皱痕，足见他切纸的功夫。就这样一次一次地调整切纸的尺寸，印刷所需规格的纸张就切出来了。没有这手切纸的绝活，还真开不了印刷作坊。

后来因破除迷信，李俊秀家的桃木雕版被烧毁了，他的纸马作坊也就不开了，改行开起了小百货店。

啞巴燈籠

“哑巴灯笼”坐落在原城中小学的隔壁，两间门面虽不显眼，却散发着一种古色古香的气息。不知还有多少人记得，店铺里忙碌的是一位姓窦的老奶奶，她的儿子是哑巴，也是这家灯笼店的老板。

这位哑巴老板尽管无法用言语交流，但他的心灵手巧和对灯笼艺术的热爱，让这家灯笼店焕发了别样的光彩。他请来了民间的篾匠制作灯笼，大多是传统的六角灯笼、兔子灯笼、宫灯等。

逢年过节，灯笼店便成了那时东门街上最热闹的地方之一。哑巴老板和篾匠们会精心制作各种节日主题的灯笼，如春节的红灯笼、元宵节的花灯、中秋节的月亮灯笼等。

在灯笼店里，窦奶奶总是忙碌地招呼着客人，哑巴老板则默默地在工作台前制作灯笼。他们的身影在灯笼的映衬下，显得格外温暖和谐。

灯笼店虽然不大，却承载着老街居民的情感和记忆。在那里，每一个灯笼都蕴含着哑巴老板和窦奶奶的心血与情感，它们不仅照亮了节日的夜空，更照亮了人们心中的温暖与希望。

方胜民蜡烛店

靖江东片地区，民间所用蜡烛均由斜桥镇斜桥村 11 组村民方胜民供应，平时也有其他店铺前来采购。从何时起使用蜡烛，现已无从考证。而方家浇蜡烛已有 50 多年的历史，方胜民自 19 岁起从父亲手中学会了这项技艺。

蜡烛多为圆柱形，红色，上粗下细，多种规格，有 1 两、2 两、3 两、4 两、半斤的，也有 8 两、1 斤的。用量最多的是拜烛。凡敬菩萨、敬祖宗，都要用到蜡烛。

浇制蜡烛的原料为精炼石蜡、烛红、檬梗（浙江山区的一种植物）加纱做的烛芯；工具是化蜡用的各种铁桶、炉子、干底锅，以及各种规格的钉板（有 20 根钉、30 根钉、42 根钉、140 根钉）。

浇蜡烛的步骤是：

1. 引两个炉子，要用 3 个煤孔的大口炉子。

2. 用铁桶化蜡，一桶装五六十斤蜡，需要化近一个小时，温度在五六十度，一个桶要一直加温，蜡用完后，到另一个桶添蜡。

3. 化蜡的同时，把烛芯插在所需规格的钉板上。钉板上有

20根钉，是端1斤重的蜡烛；有30根钉，是端8两的蜡烛；有42根钉，是端拜烛。钉板的4个角扣有绳子，端的时候，手只能拉绳子，不能碰到板。

4. 待插上烛芯备用的各式钉板全部插好后，手拉住钉板两边的绳子将其倒过来，烛芯在下，板子在上，保持平稳、垂直地插到蜡桶中，再垂直地把钉板拉上来，挂在架子上等待冷却，这就叫“端”了一次（“端”即“蘸”）。接着换另外一块钉板，再端。端了二十几块后，拿刚才第一个端的继续端，一般是五六分钟端一次，同时蜡要保持在五六十度的温度，蜡的温度太高会端不上去，如蜡变少了就到另外一个蜡桶里添。一般1斤的蜡烛要端40次左右，8两的要端30次左右，半斤的要端20次左右，拜烛在15次左右，这要靠师傅的手艺和经验来确定。端好的蜡烛目前是上细下粗，蜡烛头还没出来。

5. 接着在平底锅放蜡，加温到七八十度，再把钉板上的蜡烛端到平底锅中，大头朝下，放置于高温蜡水中烫，等一会儿，把蜡烛头烫出来，一般长1厘米左右。此时，蜡烛的大概外形已经出来了，不过是白色的蜡烛。

6. 最后上烛红，把烫好蜡烛头的钉板放到红蜡桶中，用同样的方法再端两遍，挂到架子上冷却，红蜡烛就做好了。

制作好的蜡烛成品叫端烛，端烛是靖江特色。端制蜡烛是手工操作的技艺，端制手法很难掌握，现在靖江东部地区只有方胜民一人精通这项技艺。方胜民蜡烛店一直生意兴隆，靖江乃至泰兴、如皋、江阴等地都有居民前来求购。

秦满熙裱菩萨轴子

斜桥镇大觉村二队（大觉庵）的裱画匠在靖江是有名的，全队有10多户专门从事裱菩萨轴子。大觉村秦家裱画菩萨轴子，是从秦满熙的曾祖父秦文贵，到祖父秦广学，再到父亲秦榜灿，一代一代传下来的，至今已四代相传。秦满熙12岁就开始学习裱轴子。

家主轴子基本上农村家家户户都在用，挂置于堂屋后壁正中（不含后门），正面朝南，逢年过节、菩萨圣诞、求神了愿等均在这家主轴子面前烧香祷告，使民众可以求神不出门。

过去大觉地区家家户户裱轴子、卖轴子，他们将轴子分成10份、15份一卷，捆好后背在肩上，步行到本市各乡镇或如皋、泰兴、江阴等地去卖。也有找上门定做菩萨轴子的，生意也很好。到人家户上，帮上轴子，也要说上轴子的嘏辞（俗称“说鸽子”）。嘏辞有：“三炷清香进佛堂，我替诸位菩萨来开光；上面开的是三尊佛，下面开的是地藏王；梓潼关厘米左右，麒麟送子状元郎。开光、开光、开得眼光，眼观四方；开得耳光，耳听八方；开得嘴光，嘴边红堂堂；开得鼻光，鼻通天下，身体健康。”

裱轴子的材料有：光纸，颜料（藤黄，即黄色；银珠，即红色；黄、绿、黑、白铅粉、金色等广告色），面粉；工具有：裱台（长 2.3 米、宽 1.1 米），排笔数把，护帚（鬃刷）2 把，以及刷板、吞口、切刀、直板、轴管、轴头等。

裱菩萨轴子有 5 个步骤：1. 拓印。刷家主或刷各种菩萨像时，先给相应模板上墨，然后将纸放在模板上，用排笔在纸上平刷，即拓成黑白图案。2. 着色。用笔在印好的神像上涂上各种需要的颜色。3. 装裱。裱作台用水刷湿、揩干，将轴子正面放在平台上，用排笔将轴子来回刷平。4. 上浆。用面粉和水调成像稀粥一样的糨糊，用排笔将糨糊均匀地刷在印好的作台轴子上，用白报纸覆背，一般 2 层，质好的 3 层。5. 装吞口和轴管。吞口是竹篾做的，装在轴子上面，以便挂线，下装轴管，将轴子向下拉平。

周樹南製香作坊

四墩子的制香作坊，从事的是靖江西片独有的制香行当。

过去的老百姓烧香拜佛，祭祀祖宗，都少不了香烛。四墩子东街还有一座“三茅宫”即菩萨庙，一年四季香火旺盛。所以，制香作坊很重要。

早先四墩子香坊有两家——北街施仁民家、东街周树南家。后因施仁民家搬到东面母子圩乡下去了，留下东街周树南一家独自撑下去。

制香的主要原材料是木香和柏香，另要少量的锯木屑。将干的榆树皮磨成的粉叫作榆面，是做香的佐料。

制香时，将做香的各种材料按比例用水混合搅拌，到软硬度适宜时，用双脚反复踩，踩到一定的黏度，就整块地放到特制的香桶里准备压榨。

特制的香桶下端留有一个模具孔，孔的大小根据操作人的要求而定，可随意更换模具，圆孔大小决定了被挤压出来的香条粗细。香桶内放有一块直径略小于桶内径的活络压板，压板的一端被固定，一端连接桶外可供人坐在上面或可脚踩压的长木板。把香料放入桶内以后，将压板盖在香料上，桶外的人在压板上坐下，缓慢地向下用力，桶内的软香料受力挤压，便从下端圆孔里慢慢冒出来，落到桶外等香的香匾子里，再由专人用模具按规定切断，移放到纱网上去晒。负责挤压的操作人力度要恰到好处，出香速度要不快不慢，若中途用力一停，出香就中断了。直到桶内香料块挤压完，才可歇下来，再更换原料。

压出来的香条在纱网上晒时，要定时洒水，防止香条变形弯曲。晒好后，用专用香板顺齐了，放在工作台上，准备包装。包装时，用小窄纸条在每一卷香的两头和中间各包3道箍就成了，对外销售时就叫“箍香”。香条有粗细长短不同的规格，可由香客自选。

制造“棒香”则另有工艺：将准备好的毛竹丝条的三分之二部分先湿水，再到干燥的面料里反复滚动几次，达到一定粗度就取出来，涂上颜色晒干，即可包装出卖。留有三分之一竹丝尾巴在外的香，就叫作“棒香”。

四墩子香坊制出的成品香，除了供应本地百姓，也供江南江北各地来此批发的商人。

孫學民鞭炮坊

四墩子东街有一个鞭炮坊，是老板孙学民从泰兴迁过来的。“孙学民鞭炮坊”有3间店面房做作坊，屋后还有两间小作坊。店面作坊一边做一边给客人看，也起到招揽生意的作用。

在民间，鞭炮是老百姓喜事和庆贺活动中必不可少的消费品，用量很大。而制造鞭炮是与火药打交道，没有成熟的制作工艺，是不敢办作坊的。所以鞭炮坊也可以说是“独行”。

制作鞭炮，外壳使用稻草加工而成的“粗糙纸”，卷成各种规格的“炮壳子”，然后两头填上不同用途的火药，再用黄泥封好，中间插入火药引线，外表糊上彩纸，每10根一捆，打好包装，即可出卖。

大炮仗的规格按老秤计量，有4两、半斤、8两、1斤等多种规格，还有单响双响的区别。小鞭炮有挂鞭式的，也有盘在一起放地上燃放的，做法不同，还分100响的短鞭、1000响以上的长鞭等。

孙学民后来将全部鞭炮制作技艺传给了内侄陆庭坤。

20世纪70年代，太和公社主管工业的领导将陆庭坤等人集中到长江边的一块地方，办起了“太和鞭炮厂”，任命常本如为厂长，陆庭坤做掌作师傅。

天鹅

靖江是中国乐器制造业的重要基地之一，主要制造笛、箫、鼓等，尤其是口琴、竖笛等乐器，不仅在国内广泛流传，还传到了海外，成了中国优秀传统文化的重要组成部分。

靖江有 10 多家乐器企业，涉及乐器制造、销售、维修等多个领域。这些企业不仅继承了传统的乐器制造技艺，还不断创新，推出了许多具有现代特色的乐器产品。

这些乐器制造企业中，以天鹅、奇美等品牌最为有名。

江苏天鹅乐器有限公司，其前身是 1982 年创办的全国第四家口琴厂——靖江县长江口琴厂。经过 40 多年的发展，天鹅乐器在行业中已发展成为全国规模最大、品种规格最全、年销售额最多的行业骨干企业。“天鹅”商标荣获“中国驰名商标”，同时被认定为“江苏老字号”。

江苏奇美乐器有限公司，创建于 1987 年，拥有全套全自动电脑数字化乐器生产设备及音准检测仪器，与南京师范大学音乐学院进行技术合作，秉承“博学、融合、超越”的经营理念和“一百年专注、做世界品牌”的百年目标，几十年来专注于奇美牌竖笛、口琴、口风琴的制造，普及了欧美及亚太地区众多中小学生和音乐爱好者。“奇美”商标同样荣获“中国驰名商标”。江苏奇美乐器与“国光”口琴开展深度合作后，继续为老品牌续写着新的传奇。

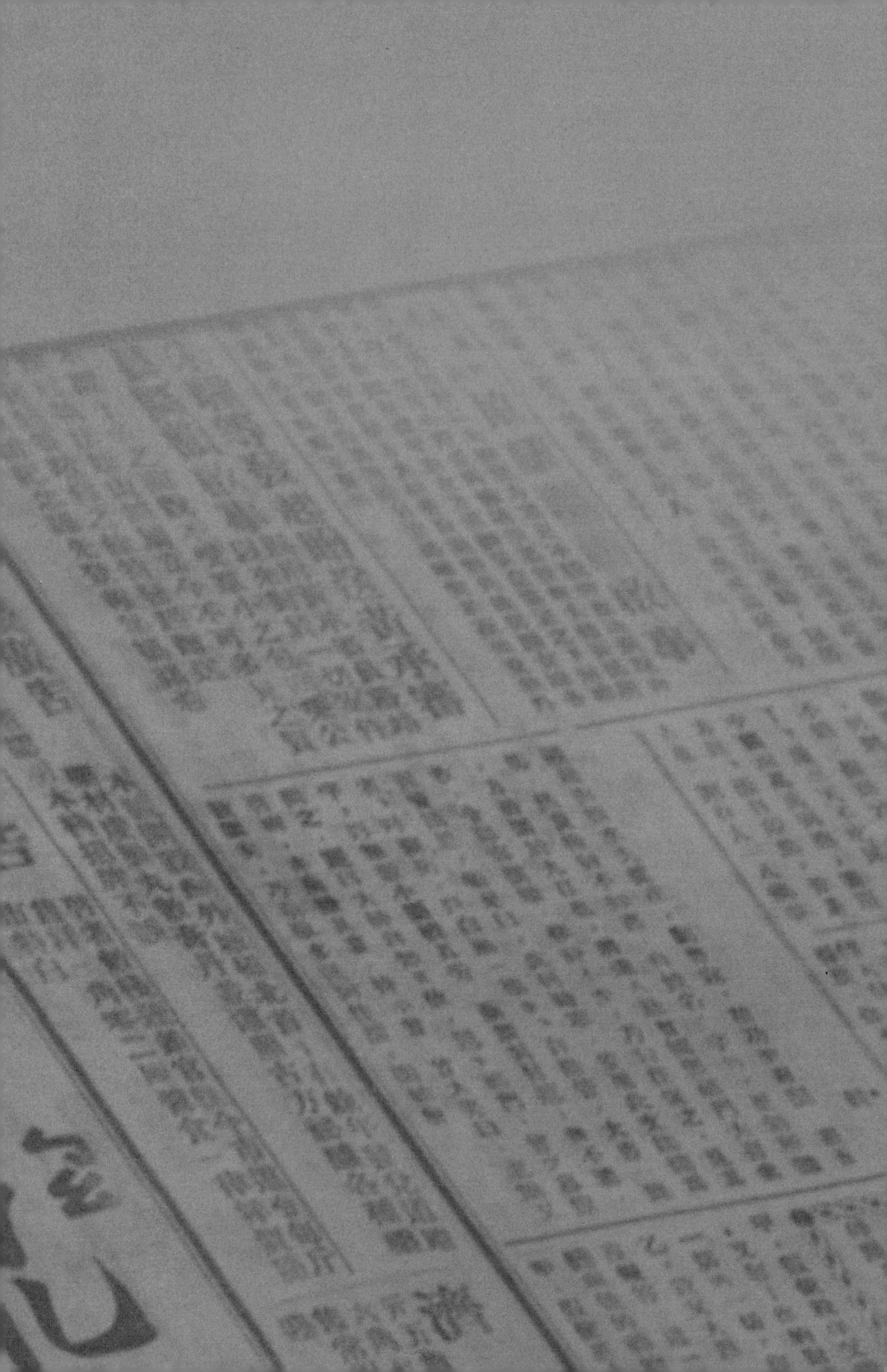

百货（南货）业

王恒記

清同治三年（1864）六月，清军攻占南京，太平军溃败。为避战乱，王志诚夫妻俩变卖家产，逃难至靖江城外西厢西水关桥以西 60 米（西直街 37 号，后改为骥江路 381 号）处。他们购地半亩，建造了两进 6 间七架梁瓦房：临街的 3 间门面房先后开办棉布、帽子、南货店，后面 3 间为仓库和内室。

该店店号“王恒记”，取意诚信为本，持之以恒。招牌长 1 米、宽 80 厘米，配有底座，牌匾经桐油、生漆勾兑涂刷，夏布、麻丝多次刷布、打磨，黑漆底色，中间“王恒记”正楷凸字描金。招牌置于柜台里端，面朝大街，十分醒目。

王恒记虽然店面规模不大，但经营品种庞杂、五花八门。王志诚知道，店多货杂，购销两辛劳，但这些物品都是人们日常生产、生活不可缺少的用品。百姓所需，店就所为。每次进货时最为忙碌，他要到小关庙码头船上接货，与船主验货、签收，一直忙到半夜三更。店里棉布主要经销上海、常州等地的棉织色布。清代男子剃发梳辫，一般穿长衫，冬天戴毡帽、夏天戴凉帽、春秋戴风帽，瓜皮小帽最时尚，颜色以黑、蓝为主，孩童帽多为红色，其货源来自上海、无锡、常州等地。

南货店品种较杂，还卖火油、火柴、蜡烛等。食糖主要经销广东产的红、白糖。旱烟货源来自甘肃。酱油、陈酒主要产自私营糟坊。每年夏天的蚊香由王志诚自产自销——用木屑与药粉配比，灌入条形裱青纸袋中，每根长 1 米，盘成圆饼形，上刻“王恒记”条形红色印章。点燃后，其味有驱蚊奇效，既安全又实惠，深受百姓青睐。

小店小门面，虽不显山露水，但王志诚始终秉承货真价实、童叟无欺的经商道德规范。

清同治七年（1868），王志诚生一子，取名王义恒，希望儿子重其义，恒之诚，守本分，走正道。王义恒在私塾念书 3 年，12 岁随父料理店铺。光绪十二年（1886），王义恒结婚，娶长里刘氏为妻。翌年，生一子，名王炳生。后陆续生养 3 个女儿。光绪二十六年（1900），王义恒 32 岁，父母相继病故。他正式接手父亲店铺，仍坚守“诚信为本、服务至上”的宗旨。

王义恒性格谦和，待人厚道，在遵循父亲经商之道的基础上，更注重灵活经营。对一时无钱的顾客，给予记账赊欠；对小买小卖，如自制的蚊香，不计盈亏，半卖半送，把实惠让给顾客，赢得了群众的口碑。

由于两个女儿皆出嫁富商之家，王义恒爱面子，所予嫁妆甚丰，加之顾客欠账太多，店铺资金难以周转，门面支撑甚艰，相继关闭棉布、帽子店，南货店亦惨淡经营。王义恒操劳过度，中风猝死。

1919 年，王义恒之子王炳生清仓店铺存货，用所得资金购买铜壶、茶具、台凳等，开办“王恒记”茶馆。茶馆门面 2 间，堂内 6 张八仙桌，茶柜上安放一排青花瓷罐，罐腰贴有茶叶名称标签。堂内正中墙壁挂陆羽中堂像，配对联一副，上联为“花间渴想相如露”，下联为“竹下闲参陆羽经”。茶客大多是街坊邻居，老者居多。五口之家全靠微薄收入维持生计。

1937 年 8 月，日军入侵，靖城沦陷。王炳生带领全家至马桥陈家堡岳父家避难近一年。待靖城秩序稍安定，王炳生返回城里，发现家中铜壶、青花瓷茶具等悉数被窃，茶馆难以恢复营业。

1939 年，王炳生二子王克荣批发针织品，主要经营袜子、孩童兜肚、手帕、毛巾等，门面 1 间，店号仍为“王恒记”。1941 年王克荣结婚，至 1949 年先后生养二子一女。由于店铺品种单一，加之人气不旺，生意难有起色，面对 7 口人的生计，王克荣压力沉重。他见胜利街商铺林立，货多成市，便筹得 30 元资本，典租胜利南街 1 间屋为门面，开办小百货店。生意刚有好转，不料祸从天降，窃贼乘风高夜黑，从屋面天窗潜入店内，掳去大部货物，小店只好关闭。

1951 年，王克荣从市场上了解到，城区饮食店少，百姓需求量多，便在自家开办馄饨店，店号仍为“王恒记”，依旧秉承“诚信至上，质量至上”的老祖宗规矩，以顾客满意为先。

无锡人喜食小馄饨，大号皮子，丁点儿馅心，食而不过瘾。靖江人喜食大馄饨，皮子大，馅心多，肉菜混杂，荤素搭配。王恒记馄饨店对无锡、靖江两地的馄饨制作方法加以改进，合二为一，形成了独特的“耳朵”馄饨，一年四季随野菜、青菜、菠菜应市，与猪肉、油渣相拌，谓之大众馄饨。秋季始卖蟹肉馄饨，其名气堪与蟹黄汤包媲美。

馄饨店一般用开水加味精做汤，王恒记改用虾子鸡汤，可谓鲜中鲜。另一个特点是，坚持馄饨不等客。客来现裹现煮现吃，馅心、皮子新鲜如初，原汁原味，食客自然慕名而来。在城区同行中，王恒记馄饨质量曾被评为优等。

陆顺泰南北货商店

陆顺泰南北货商店，是新中国成立前靖城人陆保庆四墩子北街创办的。后来，他全家就定居在四墩子北街。由于陆保庆创办“陆顺泰”时资金雄厚，店铺南北货商品齐全，加之服务态度很好，因此在四墩子商界享有很高的声誉。

陆家还有一个与众不同的地方：陆保庆生了一个浑身毛发雪白的儿子，叫陆汉章，十分可爱，好多人特意到陆保庆的商店买东西，顺便看看孩子。

陆保庆是靖江城里人，娶的夫人是常州城里人。夫人眉清目秀，一副富人相，待人十分和善。夫妻俩先前已生下两个女儿，第三胎生了个男孩，合家万分高兴，认为陆氏后继有人了。尽管小儿通体毛发雪白，两眼珠蓝蓝地发光，但长得十分天真可爱，夫妇俩视若珍宝。

正因为小孩生得奇特，陆保庆怕他长大后被人欺侮，所以等儿子略大一点儿后，就让他拜在四墩子东街老武师冯金秀门下学习武术，家里又另外请了先生教他读书认字。也真是缘分，小汉章从小喜爱习武，深得师父的宠爱。拜师以后，他从抓小石笋开始，到玩石锁、舞石担、打沙袋、劈砖块、舞刀枪、打少林拳等，师父倾囊相教，徒弟悉心学习。等到长大成人时，陆汉章已经是一个身怀多项武功的铮铮男子汉了，特别是将一把朴刀舞得虎虎生风，水泼不进。

然而，陆汉章从小得乃父及恩师的谆谆教导，知道练武归根结底是为了强身健体，练武之人轻易不得显露武功，更不得伤及无辜。所以，四墩子街上尽人皆知陆汉章有武功，但从来没有人见他在外显露过。凡到他家玩耍的人都见过，他家店后有一块很大的练功场地，场中有挂着的沙袋、石锁、石担、刀枪架，地上有玩石锁砸出的土坑。左右隔壁邻居每天早上都能看到陆汉章在家练武。即使满师回家了，他也坚持冬练三九、夏练三伏，从不间断。两只发蓝的眼睛炯炯有神，一套拳打下来，面不改色心不跳。

据说陆汉章年轻时，有一次过江经利港去石庄、常州买货。途中，偶遇地痞混混七八个人拦在路上，见他浑身雪白，低着头走路，就故意找茬惹他。陆汉章一再忍让，可这班人百般刁难撒野。陆汉章知道避让不了，不给他们点教训，对方是不肯罢休的。说时迟，那时快，他两只蓝眼发光，大喝一声，三拳两脚，一记扫堂腿，几秒钟的工夫，七八个混混就被甩出去老远，倒在地上爬不起来。等他们回过神来，陆汉章早就健步如飞走远了。

另有一事，足见陆汉章心地善良。他成家后不久，一次婆媳吵架，他反复劝阻无效，情急之下，端起一张长木凳，当着吵架的婆媳的面，一掌劈下去，一张结实的长凳被拦腰断成两截。自此，婆媳之间再也不敢吵架了。

陆汉章虽有武功，但始终遵循武德，从未失手伤人。

练武以强身健体，是陆汉章奉行的宗旨。他婚后生有六女二子，无论是谁，从 3 岁开始，就在他的指导下每天清早起床练基本功，从抓石笋开始逐步升级。所以，陆汉章的子女个个身强力壮，有一定的武功功底。

朱德義雜貨

敦义乡河港纵横，有丹华港、夏仕港、卫东港、敦义港、东风港、朝阳港和茶庵殿港等，均通长江。其中有一条港位于该乡北部，即敦义港。据当地人口口相传，其得名与一个名为朱德义的乡民有关。

据传很久以前，朱德义在港边开设了一爿杂货店，主要经营日用百货，方便周边群众。朱德义诚信经营、童叟无欺，且为人正直、仗义疏财，经年累月，渐渐在当地群众间拥有了良好口碑。众人因仰慕其名，就将杂货店旁的一条港取名为“朱德义港”。后来，因靖江方言将“德”讹传为“敦”，“朱德义港”便被叫成了“朱敦义港”，再后来简称为“敦义港”。

朱德义杂货店在朱德义身后便逐渐湮没于历史长河里，但因这爿小小的杂货店而命名的敦义港，却闻名四方，延续至今。

陆炳蘭瓷器店

四墩子大石桥东埦有一间瓷器店，是大猪商人陆炳兰开设的。

这间瓷器店开得很早。陆炳兰年轻时就在四墩子周边农村收购大猪，然后船运到江南地区去卖，为了不让船放空回来，就去各地批发一些锅、碗、盆、瓶之类的生活必需品，带回四墩子。借桥头市口好，他搭了两间“河房”，开起了瓷器店。

四墩子周边的自然村庄发展很快，人口递增迅猛，自然生活用品需求量扩大。随着四墩子商圈的日益繁华，瓷器店的生意越来越好，品种也越来越多，小到汤勺，大到插花的花瓶等，凡属瓷器物品，这家店基本齐全。最畅销的是碗、盆、勺之类，店铺总是一批一批地进货回来。

焦老四窑货

四墩子周边村庄多、人口多，对家庭日用生活器具的需求也是面广量大。

比如粪缸（沙上人叫“茅缸”，老岸上人叫“屎缸”）一项，每户都要有一两只，家中排泄要有它，田里的肥料要靠它，是生活中必不可少的用物。其他的水缸、米缸、大小陶罐、钵头、砂锅、坛子、油壶、煨罐、花瓶等各种陶土制品，也都是人们日常必备之物，缺一不可。

而能经营这项生意的老板，首要条件是必须有自己的运输船只。因为这些产品出产于宜兴等地，只有船运量大才能挣钱，一般经营日用百货土产食品的商家做不了这项生意。

四墩子船民焦老四家就具备这一条件，他便做起了最大的贩卖“窑货”物件的生意。这些货物体积大小不一，不可放在室内，需要一个宽阔的露天堆场。焦老四自己有船，焦家从里下河一同过来搞运输的亲戚朋友也都有船，他们居住在四墩子南街，可随时帮他带货回来。

焦老四看准了孙保林酱园店门口的好石头码头，不仅方便上下货，而且沿港还有不少空地可以堆货。于是，他将货船固定停在酱园店门口大港内，往码头上搭了跳板，大部分货物堆放在岸边，一家人吃饭睡觉在船上，只要岸上有人叫要货，船上就有人上岸来介绍谈价格，然后付钱取货。

从酱园店大门口一直到大石桥边上的所有空地，都成了焦老四的窑货大卖场，十分壮观。

等到货卖得差不多了，焦老四就带着儿子焦鞋跟出船去宜兴批货，留下老伴焦四奶奶在四墩子货场做买卖。天长日久，焦四奶奶窑货老板的名号，四墩子无人不知、无人不晓，焦家的露天大窑货场也成了四墩子桥头北首一道别具一格的风景。

四墩子有不少顽皮的男孩，夏天的晚上喜欢到窑货摊玩捉迷藏。由于大大小小的缸太多了，躲进缸里看不到，孩子们半夜三更不回家，常常惹得大人前来寻找。

那个年代人心淳朴，焦家这么多货物放置于露天，无人日夜看守，却从来没听说被人偷窃过。

五洋业

五洋業

“五洋”指的是洋油、洋烛、洋火、肥皂、香烟五种商品。这些货物，以前中国大都无法自产，需要从欧美进口，所以都冠以“洋”字或“夷”字。

清末，靖江始有五洋货物。其时，西门外“缪春生号”以经营钉铁油麻为主，兼营火油，后来东门外“炽昌号”亦经营火油。这两家是靖江经营五洋品之始。

五四运动时期，姚子良开设的“新太祥号”经销南洋兄弟烟草公司卷烟，为靖江五洋经理商之始，可惜因受外资排挤，营业不能发展而解约。接着有刘德润、瞿伯明接替经销，亦因营业不理想而停歇。上述商店都是在北伐前后停业的。

1925 年刘子纯、祝文耀合股开设协泰烟号，经销华成公司、大美公司、永太和公司的卷烟和中国肥皂公司的各牌肥皂。接着有王中如开设的“恒大甡号”、江阴人高庆瑞开设的“高庆源号”，亦营五洋。日寇侵靖后，各号均告停闭。

到 1938 年，协泰在新港复业，相继经销永太和烟公司、福新烟公司、华成烟公司、大东烟公司各牌香烟，中国肥皂公司、大新肥皂公司各牌肥皂和美孚火油，以及矿烛，宝塔牌、大华牌、南京牌火柴，集五洋商品之大成。同时稍具规模的，新港有美亚公司、天一公司，罗家桥有惠罗公司。

1941 年，协泰于西门外设立分公司，职工人数与新港总号同为 8 人。在这前后的三五年中，靖江五洋业畸形发展，盛况空前，销路广达淮、扬各地。1946 年，五洋业公会成立，以马松乔为首，隶属于当时的靖江商会。在靖城地区，经营五洋业稍具规模的商店，西门外有万丰、恒昌、王义丰、王隆兴等号，北门外有朱耀记、永大生、义甡昌、永和等号。其中除万丰、恒昌两号系合股开设，雇用职工一两人，其他诸店的营业员都系家属成员。各店资金一两千元不等。到新中国成立时，上述商店仅存王义丰、王隆兴、朱耀记、永大生与时和工业社等诸家，其他则在敌伪时期不堪剥削苛扰，先后凋谢。

驥星電燈廠

1920年，靖江耆商王茂庭在城北外羊市河东岸青莲庵（今新建街与安宁路路口南侧）创办光华电灯厂，厂房有冷摊瓦房10多间，坐北朝南，砖木结构。电厂有员工18人，负责机房操作、外线架设、设备维修、内部管理等业务。电灯厂装有50匹马力卧式重型柴油机、32千瓦发电机1台，日发电量200千瓦时，专供县政府、城区商店和部分居民照明，时有电灯约200盏。后因机房失火，设备被毁，电灯厂停办。

1928年，该厂修复重新发电，更名为骥星电灯公司，注册资本1000银圆，发电容量32千瓦时。供电区域南至老汽车站，西至城西幼儿园，东至老体育场，北至北城门。其时城区架设路灯，有电线杆300多根。

1938年，日军侵占靖江城后，伪自治会另办电厂。因战争连年不断，城区路灯时断时续。1942年，驻靖日军从南通天生港通明公司（南通电厂）调来日制保福达80匹马力柴油机、50千瓦西门子发电机1台，在靖城中沿区南岸孙毓华家（今团结路96号）开办惠民电灯厂，日发电量300千瓦时，共装灯约2000盏。1945年，该厂被县抗日民主政府接管。

新中国成立后，县政府创办公私合营靖江电厂，日发电量360千瓦时，装灯1600盏，并为2座小型电灌站供电。1957年9月，县政府在江平路建成地方国营靖江电厂，为裕纶纱厂和城区居民供电。至1978年，发电总容量2500多千瓦时。

耀华

清末民初，季市镇倚仗其独特的地理位置，已经发展成具有一定规模的商贸集镇。在这个方圆不到 2 平方公里的小镇上，有粮行 8 爿、油坊 20 余家、药房 10 余家、染坊七八家，杂货店 10 余家，还有盐行、钱庄、当铺、酱油行、酒行、饭店、烧饼店等数十家。周边十几平方公里范围内的居民都到季市来进行商贸活动。

但当时，季市的晚间照明还停留在豆油灯、煤油灯和蜡烛时代。每到晚上，黑灯瞎火，全镇一片沉寂，一切商贸活动及人们的夜生活均受到限制。

离季市不远的泰兴横巷有个叫黄辟尘的乡绅精明能干，极具商业头脑。他看准了在季市建造电厂的巨大商机，决定自筹资金兴建一座发电厂，以满足季市人的照明用电需要。

黄辟尘是个果断利索办事绝不含糊的人。1937 年，他筹集了一批资金，在季市石桥南向东约 30 米的地方买了一块地，建了 10 多间坐北朝南砖木结构的大瓦房。其中 1 间做办公室，4 间打通，安装了 1 台 50 匹马力的卧式重型柴油机和 1 台 30 千瓦的发电机，2 间作物料库房，其余的做工人宿舍。房屋前面的空地堆放发电用的煤炭。

所有的发电设备都是到上海采购的。黄辟尘将电厂取名为“季市耀华电灯厂”。

整个电厂共有14名员工。其中机房操作工4人，外线工2人，室内安装工2人，维修工2人，电费收费工1人，账房1人，勤杂工2人。

20世纪一二十年代，电灯还是个稀罕物。由于经济落后，那个年代绝大多数人对电的知识一无所知。于是，一根金属线连着一个玻璃泡，只要一按开关，这个玻璃泡就能把满屋子照得通亮，比大蜡烛还亮好多倍，大家对此觉得不可思议。故电灯厂刚开始送电的几个夜晚，整个季市都沉浸在一片欢腾之中，人们既惊奇又兴奋，奔走在大街小巷，享受着光明带来的快乐和幸福。尤其是小青年和孩子们，一齐从家里走出来，在明亮的街巷里追逐、嬉戏，玩着过去只有在月光下才能玩的游戏。

周边农村的百姓也纷纷赶到镇上来看电灯。大家觉得这东西太神奇了，还给电灯取了个雅号，叫“小太阳”。

自此，每天夜幕降临时，耀华电灯厂的工人便把锅炉的炉火烧得通红。随着轰隆隆一声巨响，季市大街小巷的店铺和居民家中一片通明。在沿街店铺里，老板一边拨打算盘盘点当天的生意账目，一边应酬上门购物的顾客；饭店里食客满座，觥筹交错；茶馆里茶香四溢，笑语喧腾；浴室里雾气氤氲，生意兴隆。在坝口的王金保戏院里，京剧票友和戏迷们正在为台上精彩的表演连连喝彩。

因为有了电，千年古镇焕发勃勃生机；因为有了电，古镇的夜晚充满了浪漫的情趣；因为有了电，人们的生活质量有了明显的提高。

电灯厂锅炉房管道排放出来的热水（废水），附近的老百姓用桶拎回去泡脚、洗衣服、烫尿布；冬天，老人们还用这热水来灌汤婆子放在被窝里取暖。

最初，因为发电能力限制，每户限装一只小功率灯泡。后来，电灯厂添置了1台50马力的柴油发电机，对居民放宽用电。这样，每户就可以装几盏灯泡了。

当时各户装不起火表，电灯厂的收费员每月一次登门上户按电灯盏数和功率大小收取电费。有了故障，电灯厂及时派人上门维修。平时电灯厂定期对线路、线杆进行检查、维修和保养。

耀华电灯厂前后经营了10多年。1938年，这座给季市人带来光明的小电灯厂遭人纵火烧毁。有说是业主的仇家所为，也有说是日本人所为。究竟何人所为，已无从考证。

德信泰煙莊

季市镇十字街口向北 20 米处，曾有一家“德信泰烟庄”，4 间门面一字排开，坐西朝东，前后三进，两侧有厢房，前临北大街，后靠水巷，庭院深深。

德信泰烟庄的老板叫李国初，高高的个儿，胖胖的，头顶有点儿秃，是一个善于经商的开明资本家。1950 年抗美援朝的时候，他捐款捐物，为支援前线、打击美帝国主义做贡献。1956 年，他积极响应国家的号召，参加公私合营，任地方代表。李国初逝世的时候，县领导曾派员来季市参加他的追悼会，并敬献了花圈。

德信泰烟庄第一进店门正中挂着“德信泰烟庄”的金字招牌，5 个字金光闪闪，熠熠生辉。南、北两间是店堂，有半人多高的木头柜台和一人多高的木头货架，货架上分门别类摆满了上、中、下三等的包装旱烟，店堂里飘溢着旱烟的香气。中间 2 间是客厅，陈设着 2 张八仙桌和 8 把太师椅，专供顾客洽谈生意和小歇之用。

第二进 4 间是生产旱烟的作坊。旱烟经过喷油、搅拌、打捆、加压、刨丝、炒香、称烟、包烟等若干工序制作而成。工人们首先撕去烟叶梗，喷油工人口含一口豆油，抿住嘴往烟叶上用力喷，要喷成雾状、喷得均匀；搅拌工人用木叉把喷好油的烟叶上下搅拌，把下面的翻到上面，再把上面的翻到下面，这样反复搅拌直到均匀；打捆工人把搅拌好的烟叶打成捆；加压的工人把打好捆的烟叶放到夹板里压成长150厘米、宽60厘米、厚10厘米的烟块；刨烟工人两手紧握烟刨，骑跨在固定好的烟块上，由上而下轻轻地、慢慢地刨；炒烟工人先把刨下来的黏在一起的烟丝撕开，再放到锅里炒，适时加入祖传配制的香料，炒过的烟丝变得柔松；称烟工人把烟称成1两一堆、2两一堆；最后一道工序是包烟，工人把称好分量的烟丝放到木模里轻轻一压，定成方块形，再用带有“德信泰烟庄”印记的包装纸包装，即为成品可以出售。

第三进4间是库房。后门向北十几米远就是港河码头，港河里来往船只川流不息。德信泰烟庄从盛产烟叶的河南省采购优质烟叶，用船装回，从长江进内河，一直运到后门口的港河码头，再请“箩行”的运输工人从船上往库房抬。运输工人两人抬一大捆烟叶，大约200斤，从船上跳板上岸时，跳板嘎吱嘎吱一晃一晃的，工人“吭唷、吭唷”的号子声亦在码头上空飘荡。每购进一次烟叶，库房里就堆得满满的。

德信泰烟庄在靖江、如皋、泰兴等地颇有名气。一是因为它牌子老，烟庄开了近百年；二是因为它生产的旱烟是用优质的烟叶、上好的豆油及家传配方配制的香料制作的；三是工艺认真，工人们在各道工序操作时总能精益求精、一丝不苟，所生产的旱烟质量好，色、香、味均佳；四是老板把利润看得轻，价廉物美，薄利多销，受周边老百姓欢迎；五是季市地处靖江、如皋、泰兴三县交界处，烟庄辐射范围大。过去老百姓生活条件差，吸香烟的人很少，一般人都是吸旱烟和水烟，因此旱烟的销量大，每天来德信泰烟庄批发的、零买的客户络绎不绝。

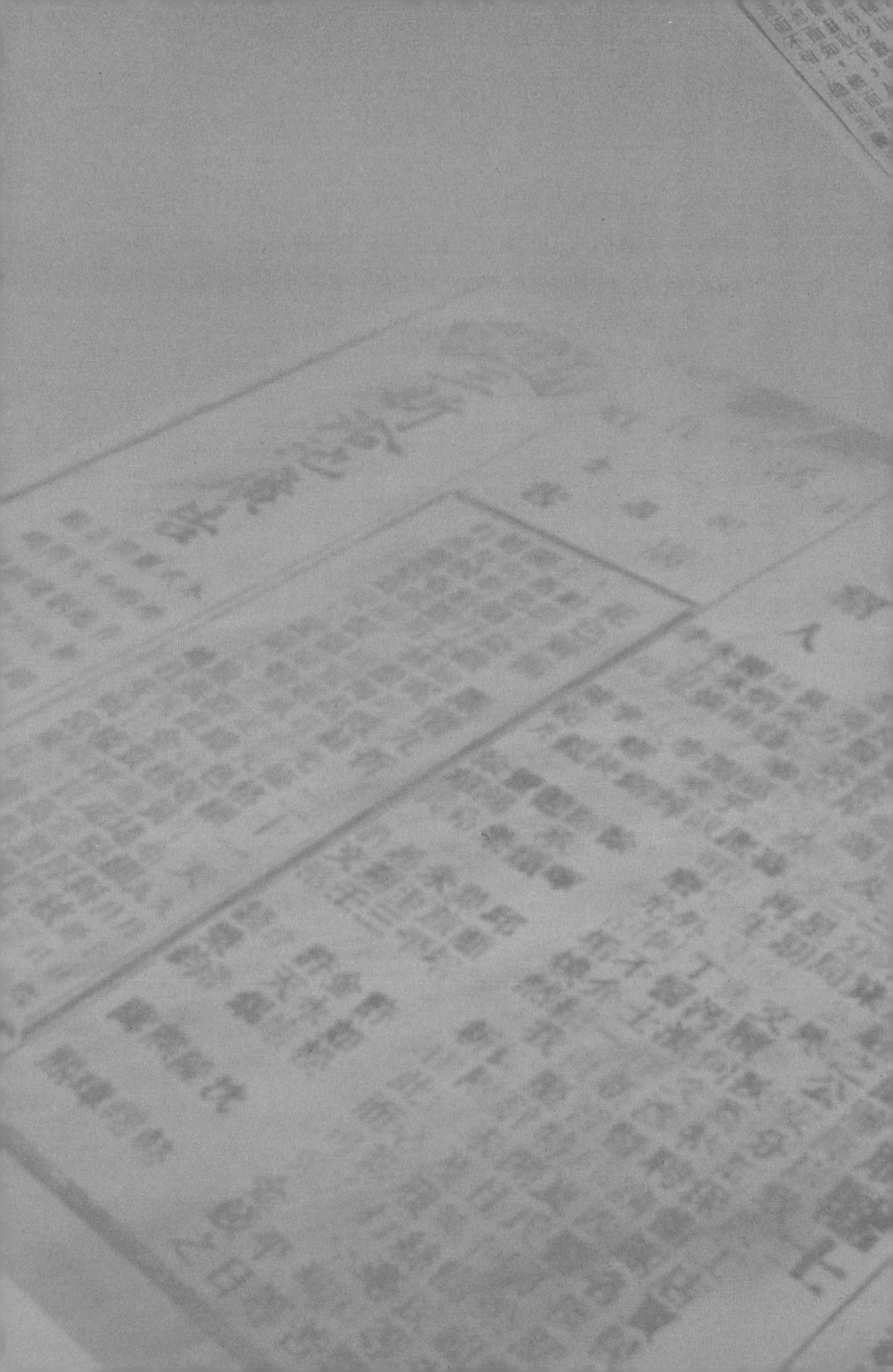

洗浴与理发业

靖江浴室

靖江浴室，位于星火商店南侧，是城区最大的男性洗浴场所。在寒冷的冬季，许多居民家中缺乏足够的取暖设备，这时，靖江浴室便成了他们温暖身心的港湾。

推开浴室的门，买好筹子，掀开厚重的门帘，一股温润的气息夹杂着澡堂特有的味道扑面而来。这股气息似乎带有魔力，能瞬间驱散寒冷，让紧绷的身体得以放松。休息区内，躺椅成排摆放，每两三张之间隔着一张茶几，为浴客提供了舒适的等待空间。

由于浴客众多，一个座位往往需要耐心等待。待前客离去，新来的浴客才能坐下，开始宽衣解带。这时，服务员会拿着长长的衣叉走来，将浴客的衣裤高高挂起，确保它们的安全与整洁。

浴池呈长方形，池水温度适中，略带烫意。当浴客泡入池中时，身体每一个毛孔都仿佛在呼吸，透出无比的舒坦。由于浴客众多，一天下来，池水往往会变得浑浊，呈现浓厚的乳白色。但这丝毫不影响浴客们的兴致，他们依旧享受着水中的惬意。

洗完后，浴客们回到休息区，身上蒸腾着热气。这里有热毛巾可以擦拭身体，有茶水可以解渴，还有修脚、敲腿等服务供选择。如果碰巧遇到熟人，赤条条相见的情形反而显得更加自然，寒暄起来也透着更多的坦诚与亲切。

人们在浴室内躺下休息，直到停止排汗，身体逐渐恢复清爽。他们穿衣离开时，身上仍带着皂香，仿佛将浴室的温暖与洁净也带回了家，每一步都显得轻松愉悦，仿佛世界都变得更加美好了。靖江浴室后门对面，隔着县前街还有女浴室，有当时时髦的莲蓬头，以及热水、冷水，可同时供 10 多人洗澡，每年秋天开汤，清明节左右歇业。

彬記澡堂

靖城西街有一家“彬记澡堂”。澡堂过去又称“混堂”，一般冬季开业，持续至第二年清明前。

浴室低矮潮湿，堂口狭小，设备简陋，安放浴椅 20 余张。客人掀开门帘，堂小二大声吆喝来客数目，便于堂内安排座位。客人坐定宽衣，安全起见，外衣一律由跑堂的叉挂于墙壁上方木钩。浴池不大，节假日特别忙，顾客只能挨个站在水池里，像方阵一样。大多数人每次剪发后总要上澡堂冲去粘在皮肤上的短发。小孩洗完澡不滞留。大人们靠在一起，一壶茶、一包烟，几个熟人聊半天，也可以看成劳作之后的休息。

耿老三澡堂

四墩子是个人口众多、经济繁华的大集镇，澡堂这个行业是必不可少的。

矮小精干的耿老三就看中了这个行业。早先他选择在四墩子东街中心地带、刘国需家屋后2间门朝东的厢屋里开了澡堂。开在这里的有利条件是：距离北首的大圆沟很近，取水方便；另外刘家有一个大弄子直通街面上，行人来往方便，是个闹中取静的好场所。他在此开澡堂多年，倒也很兴旺。

1946年底，四墩子遭大破拆以后，全街房子店面都没有了，耿老三的澡堂子也就开不了了。之后一两年，四墩子店家陆陆续续恢复，在原址上翻建房屋，重现街道面貌。耿老三决定自己找地方造房子，继续开澡堂。

为了取水方便，他选择了四墩子北街钱友成家北隔壁紧靠港边的地段，自造3间草房子，再次开起了澡堂。

这3间坐东朝西的屋子，最南面一间屋隔成前后两段，前段放几只大水缸，供平时沉淀清水用，后半段是耿老三与儿子的生活间。耿老三在乡下有房子，老婆带孩子在乡下种田生活，不到街上住。

北边间是澡堂主屋，隔成两段。前段作为客人脱衣、穿衣和放木凳子的场所，后半段为浴池热水区，隔墙有一小门，挂着棉胎门帘，防止热气外泄。热水区内又分两段，一段在烧水的大铁锅上面，铺上一大块镂空的厚木板。这里水温高，需要烫脚的客人只能坐在木板上，用毛巾湿水烫脚，不可以整只脚伸入水中。另一段是大家共用的水池，不过容纳的人不能太多，毕竟面积只有一间屋的四分之一多一点儿。

中间一间正屋，前段是来客出入走道，后段是烟囱和烧柴挖的大坑。因为烧水的大锅灶膛低，人必须蹲下去才可添柴。边上留一扇小后门，供到港里取水走道。

3间屋安排得很紧凑，这就是耿老三澡堂的全貌。

耿老三澡堂每年秋冬开始营业，每天午饭后开汤，半夜2点后才歇业。一入夜，澡堂门口就挂上一只纸糊的灯笼，灯笼上写一个很大的“澡”字，里面点着小蜡烛，蜡烛点完了再换新的。左右街面上的行人老远看到灯笼挂着，就知道开汤了。澡堂偶尔也开一天女汤，还在原浴池内，会另行挂牌通知。但过去比较保守，妇女出门洗澡的不多。

到了年底最忙时，澡堂要通宵开汤。那时洗澡，老板只提供混纺布浴巾，其他物品如肥皂等由客人自带。

耿老三开澡堂的最大优势是，他自己身强力壮，3个儿子也长大了，轮流在他身边帮忙挑水打杂工，从来不用请人帮忙。

每年澡堂不开的春夏季节，耿老三家就以打鱼、织网为生。他在屋后直通港对面支了一张横跨两岸的大坝网，利用潮起潮落的水流，兜捕内河溜出来的草鱼。每天都能网到不少河鲜，拿到街上鱼市出卖。

除了网鱼，耿老三和儿子都会织网，平时空闲就打“麻线”作为织网的原料。他们会织“鞘网”“棺材网”“蟹网”等常用网，其中小规格的“蟹网”最好卖。因为过去沙上地区小河小沟很多，钓蟹的人也多，通常一户都要买二三十张以上。所以在澡堂淡季，他们也可维持生活。

春風理发厅

在靖城总部饭店东侧，有一家名为“春风”的理发厅。

春风理发厅于1959年10月1日开业。起初叫东风理发厅，意东风压倒西风，后时任县委书记蒋逸成去理发，看了后说不好，应叫春风理发厅——理了发，春风满面。当时这是全城最大的理发店，有员工10多人，还有女子烫发，生意一直很红火。

理发厅有前、中、后三个休息区，每个区有10多张躺椅。进门映入眼帘的是十几张理发椅，分两排背对背摆放，仿佛是一台精心编排的舞台剧，既有秩序又有节奏。墙上一溜镜子，不仅使屋内显得宽敞明亮，更将理发师的每一个细微动作都映射得清晰可见。墙面上，各式发型照如同一幅幅艺术品般陈列着，它们不仅是理发师技艺的展示，更是时尚潮流的风向标。这里，无疑是引领发型时尚的前沿阵地。

顾客以男士居多，他们的发型虽然比较单一，但每一个细节都被理发师用心呵护。年少的多推平头，展现青春的朝气与活力；年长的则多为三七分，彰显成熟稳重的气质。在这里，修面更是一种享受：热毛巾焐脸，锋利的剃刀贴着面颊和颈脖细细地刮，每一次触碰都是对师傅手艺的考验，也是对顾客信任的回馈。

女士发型虽然相对简单，但每一位姑娘都是独一无二的。马尾和麻花辫是她们的青春符号，齐耳短发是中年妇女的优雅选择。她们多数在家就能搞定日常的造型，但在这里，总能找到那份属于自己的独特魅力。

烫发在当时几乎没有，但这并不能阻挡姑娘们追求时髦的脚步。有的姑娘在家偷偷用火钳卷烫刘海，只为寻找一份与众不同的时尚感。她们的勇敢尝试正是那时年轻人追求个性与美的生动写照。后来，理发厅员工王荣林、孙秀兰等人在无锡万毕理发店学了 3 个多月后，回来从事烫发。

1993 年 8 月因建靖江大厦，春风理发厅被拆，就此停业。

紀民理髮店

民国时期，靖城西厢男女的流行发型各异。男青年头发三七分梳，中年男人平头或圆顶，老年男人光头，亦有脑勺留发的，俗称“鸭尾巴”；未婚女子梳辫，年轻妇女短发齐耳，中老年妇女盘发成髻。西街“纪氏理发店”的第二代传人和生，心灵手巧，男女时尚发型样样精通。

和生的剃刀功夫堪称一绝。老年人心脏脆弱，锋利的剃刀在其头顶上刮来刮去，一般理发师望而却步。和生胆大心细，先用肥皂水护发，待老人头皮松弛、发质松软后，再动手剃发。

只见剃刀无声，所到之处，发丝夹着泡沫落下。这是和生的一项“光头”专利。他的另一项绝活，是剃须的功夫深厚。他敢于触摸面部“禁区”，闪闪发光的剃刀在顾客睫毛上蹭来蹭去，当刀锋点触眼梢的那一刻，顾客顿觉浑身涌上一种舒适感，闭着双眼，生出睡意。和生重复这几个动作，很快顾客便进入梦乡，醒来时仍觉脸上有刀锋带动的微风掠过。但是，和生绝不会在小孩的面部“禁区”动刀，这是他的职业道德底线。和生的第三项绝活，就是为满月婴儿剃胎毛。婴儿无知无拘束，头部转动，四肢连动，难以控制。和生一手拿着玩具引逗婴儿，一手用肥皂水为婴儿护发。待婴儿安静下来，和生动作敏捷，三下五除二剃去婴儿胎毛，在其后脑勺留下桃子形胎毛，称“桃子头”，寓意平平安安、健康长寿。他将一撮胎毛整理好后，交给大人保管，图个吉利，伴随孩子快乐、健康成长。通常大人会给和生红包，表示谢意。

靖江日新華商店代派
大洋上等廣木
開設靖江北門外劉一村橋北
各色一應齊備特別廉價出售

医药业

医药业

靖江的医药业发展，分国药业和西药业两个部分。

自明代建县后，靖江从最初的中医名家坐馆，到清末时开始有中药店，民国时设立西药店。1923 年，靖江地方士绅筹建因利局施医所，为贫病者免费诊治并兼戒烟（鸦片）事务。1932 年，商会会长朱先营等组成济众施医药局，聘请名医轮流值日，拯救被时疫折磨的贫苦患者。1943 年，靖江救济院内设施医所。1945—1949 年，县商会每年 5 月至中秋，在县城西外老商会内开办暑期施医所。靖城解放后，于 1949 年 5 月成立靖江县人民医院。1958 年，红旗公社（今靖城街道）成立人民公社中医院，1960 年改称靖江县中医院。

明清时期，靖江百姓治病皆赖中医，名医辈出。明万历年间，瘟疫流行，名医瞿介福救治病者甚众；邹鸣韶博通脉学，著有《脉辨正义》5 卷，临证脉学研究杰出。清代医者崇尚古医经典，纷纷著书立说。自清初孟有章著《刀圭图式》《医案》始，先后有郑楫著《伤寒门问答条注》《医学穷源》，孙光远著《槎源问答》《临证治验神行集》《医学穷源》，朱凤台著《医学纂要》《痘科键》，瞿哲著《集验良方》等，并有数名内科、幼科、疡科医者闻名遐迩。尤其疡科、伤科，出现了服用麻药、刮骨去毒、凿骨排脓、切开引流、以线缝合腹部创口等新兴医术。

清末至民国时期，王廷贤、沈子风分别得孟河（今武进孟城）名医费伯雄、马培之传授，以内科著名；蒋逢春系叶天士传人唐祝三弟子，在靖江任医官，专为官吏、犯人治病，以用药精少、奏效神速闻名；陈汉庭治伤寒症尤验，有“伤寒家”之称；郑痍梅著《幼幼集成》等书（未印行）；祁表四擅长推拿手法；徐守庭幼科医技高超，独树一帜。外科方面，端文卿以治疑难杂症驰名；钱贵鳌研制黑油膏药，能提脓拔毒，去腐生新；盛春芳能接骨疗伤；喉科名医魏子龙治喉疾，常以内外结合收效，内服方药注重辨证，外用中药随症加减，有喉病患者“福星”之称。

20世纪40年代，周赞堂制普济丹治霍乱瘟疫，疗效优于龙虎人丹，创中和汤治脱力黄、黄胖病，常有桴鼓之效。黄德斋继承眼科秘方，吸收西医科学，慕名求治者遍及省内外。其间，中医之长更得以发挥。盛诚斋专医跌打损伤；盛俊之善用针灸治疗疑难绝症；朱立基得东明殿僧人眼科秘方，治眼病有独特技巧；端永斋辨疮疡注重神色形态，凭手感辨脓经验丰富；魏青云治白喉、慢性咽炎善用吹药；孙筠溪用药轻灵，讲究炮制，治内、妇科疾患疗效显著；陆慎其钻研经方，遇热病常以下法取效，疑难怪疾每以化痰收功；瞿镜清治小儿病不恃西药，疗效很高。

20世纪60年代初，名医云集县中医院，对肝炎病因、病机和分型论治等进行学术探讨，并在扬州专区肝炎防治经验学术交流会上做介绍。外科在深部脓疡治疗上，以服中药为主，辅以外敷、排脓等法，减少患者开刀之苦。1964年，伤科用推拿手法加以药物治愈不少椎间盘突出症患者。1980年起，中医院兴起学术研究之风，自制复方胆地丸治疗慢性气管炎，妙香丸治疗消化性溃疡，祛风活血洗方治疗小儿髋关节滑囊炎，矾黄消痔液注射治疗中晚期内痔，治愈率均在90%以上。

民国时，靖江即有中西医结合的先例。部分中医治疗流行性脑脊髓膜炎（简称流脑）、梅毒等病，结合运用“消治龙”“606”等西药，疗效较单用中医或西医疗法为高。新中国成立以后，不少中医取西医之长，运用中西结合疗法，治愈不少患者。至20世纪60年代，西学中、中学西活动在全县展开，中西结合疗法在中、西医院中普遍运用。王德元、陆永生、陈济中、刘灿康、孙继才、陈沛文等均为当时名医。

靖江的药店开设也以中药店为早。清道光三十年（1850）在季市开业的“周松芝”，为靖江最早的中药店。光绪十二年（1886），靖城有“德和堂”中药店。继而在西来、太和、生祠、斜桥、孤山等地，均有私营中药店开设。1947年，全县有中药店共36家。新中国成立后，中药业发展较快。1950年中药店增至88家，1953年增至95家，1954年增至115家，资方和职工共有217人，资本15.1万元，年营业额31.1万元，常备中药800余种。1956年，靖城25家中药店合并，成立公私合营靖城药业商店，隶属商业局，下设5个门市部。乡镇中药店划归当地供销社。1959年，县医药公司下设中药材收购站、中药材饮片加工场、中药材库、中成药库、西药库、中西药批发部和3个零售门市部。

20世纪七八十年代，靖江中药行业每年收购地产中药材约130种，品种有半夏、何首乌、延胡索、苏梗、角针、夜交藤、佩兰、益母草、蒲公英、篇蓄、香橼、合欢花、蒲黄、瓜蒌皮、地骨皮、冬瓜皮、月季花、槐米、鸡冠花、鸡内金、龟板、鳖甲等；限量收购品种有丝瓜络、菊花、蟾酥、僵蚕、枸杞子、人中白、皂角、瓜蒌、芦根、冬桑叶、牛虻虫、蝼蛄等。

1935年，靖城开设靖江首家私营西药房“大陆药房”。1947年，有中西、五洲、中英、华美、大华等6家专营药房。1949年西药房增至13家（靖城7家、农村集镇6家）。1954年，全县对西药房进行整顿，西药房削减为6家（靖城4家、农村集镇2家）。另外，有兼营药店50余家，分布全县各地，药品购销业务由百货公司负责。1956年，专营药店参加公私合营靖城药业商店。1958年，西药购销业务划归医药公司。

薛氏藥鋪

西门街上药店林立，其中“种德堂”因其良好声誉和显著药效，在圈内小有名气。药店老板薛祖培，出生于靖江一个有着悠久医药传统的家族，他的几位同宗也各自经营着几家药店，共同构成了西门街上一道独特的风景线。

薛家同宗中，有一位名叫薛开伍的老人，书法不错，每当有顾客前来抓药时，他总会暂时放下手中的毛笔，耐心为顾客服务。店内墙壁上挂着薛开伍书写的条幅，字体或遒劲有力，或柔美流畅，常吸引顾客驻足欣赏。

另外，东街的“慈济堂”中药铺，老板也姓薛，排行老二。“慈济堂”有2间门面，门内柜台一端是黑漆招牌，上书“福源安康”金字，另一端安放骨头戥子秤、包装纸、镇纸方木，包装纸上钤有“慈济堂”红色印章。柜台内“丁”字货架上，摆满青花瓷药罐。慈济堂配药很认真，从不配错一钱药、一味药。

关于薛老二，还有一个故事。据传，他从小喜欢习武，30多斤重的大刀舞得虎虎生风。清光绪年间，有一年薛老二赴东门校场参加武秀才应试，一套娴熟的大刀动作令在场考官交口称赞。最后一项笔试时，他将300斤重的青石搁至大腿，形成坐马功之势，在石板上书写《论刀》百字文章。但由于文笔稍逊，未能录取。薛老二淡然一笑，回家后一面帮助父母打理药铺，一面刻苦练习书法。邻居有头痛不适、小疖小疮，薛老二按照偏方配好中药，义务诊治。40多岁的他就被人尊称为“薛老爹”。

醫藥门市部

在靖江，医药门市部留下了深刻的历史痕迹。

1956 年，公私合营风潮席卷而来，靖江城中 26 家中医和西医药店（房）合并为 5 个医药综合门市部，以及 1 个加工组。1958 年，随着医药合一的改革浪潮，这些门市部进一步整合，分别归属于人民医院和中医院。

医药门市部不仅销售各类中西药品，还积极收购地方药材，如蝉蜕、鸡黄皮、龟板等。到了 1960 年，靖江中药材的收购量达到了扬州专区之最。

那时的农村，生活俭朴，又充满了智慧。土灶是家常便饭，而地鳖虫最喜欢躲在陈年草屑之中。勤劳的农村人会专门收集这些地鳖虫，等待那些上门收购药材的人，来换取一些收入。若有幸吃到甲鱼，人们也会小心翼翼地将甲壳洗净，悬挂起来晾干，因为那也是一味珍贵的药材。

李氏蛇醫

东兴李氏蛇医世代相传。据李氏后人李春林介绍，他手中的秘方来自他的伯父李正芳，伯父终身未娶，由李春林承嗣。1983 年李正芳 83 岁，临终前将祖传治蛇毒秘方传于李春林。

李氏家传秘方专治毒蛇咬伤，疗效独特，疗程短、痛苦小、花钱少，在靖江、泰兴、江阴等地有一定的知名度。2008 年 5 月，李春林捐出祖传治蛇毒秘方；7 月，东兴李氏蛇医被靖江市人民政府公布为“靖江市非物质文化遗产”。

李氏治疗毒蛇咬伤的家传秘方来自偶然。很多年前，有一个名医在长江落水后，被李氏先人救上岸，名医无以回报，便将治蛇毒的秘方传给了李家。

李氏后人介绍说，是否被毒蛇咬伤，只要看伤者被蛇咬的牙痕就知道了：被无毒蛇咬伤后，牙痕呈马蹄形；而被毒蛇咬伤后，牙痕是两三个出血点。

被蛇咬伤后，应立即在伤口的上方用带子扎紧，但不宜太紧，太紧会导致血流不畅，容易造成所扎下方软组织坏死，以致残疾。特别要说明的是，如被咬的是下肢，绝对不能走路活动。

被蛇咬伤后，必须先用消毒药水洗净伤口，抢时间用药，用药量视具体情况而定。如不十分严重，只用外敷，如情况严重再加内服，主要是外用药拔毒，内服药帮助排毒、解毒。所用药主要是草药，将虎斑树叶、半边莲洗净切成细末捣烂，然后加雄黄、冰片等中药捣匀，给伤者外敷包扎好，每天换药 3—4 次。治蛇咬伤的关键是用药量的掌握，这一点很重要。

錢氏中醫外科

钱氏中医外科传承已有六代，150余年历史，世代相传并不断发扬光大。其对痈、疽、疔、痰等病症采用中药外敷，疗效独特，具有疗程短、痛苦小、花钱少等优点；对许多无名肿毒、乳房疾病、关节疼痛、神经痛等疾病采取针灸与外敷并举，疗效快，因此吸引了大江南北的大量病患慕名而来，家庭门诊门庭若市。值得一提的是，钱氏中医外科有一帖“黑油膏”流传至今，《江苏省中医药传统知识保护名录汇编》《靖江文史资料》等对此均有记载。

钱氏中医第一代黄先生，为太平天国御医，1864年太平天国运动失败后，他隐姓埋名开始了游医生涯，浪迹江湖。1873年，黄先生游荡靖江，被钱家人收留，通过长时间交往，黄先生觉得钱家待人真诚，深感钱家恩德，毅然收钱贵鳌为义子兼徒弟。在钱家，黄先生用高超的医术为乡亲们治病，名声渐响，登门求医者络绎不绝。他用得最得心应手的便是“黑油膏”，其秘方能提脓拔毒，化腐生新。

第二代钱贵鳌，得黄先生真传，1878年独掌门户，悬壶济世，造福乡里。钱贵鳌以外科最著名，在当地享有盛誉。“黑油膏”是黄先生的秘传，治疗疮疡、溃疡效果显著，堪称一绝。钱贵鳌将其广泛用于临床，治好了许多患痈、疽、疔的病人。

第三代钱玉珍，自幼随父母进入钱府为仆，深得钱家信赖。16 岁时拜钱贵鳌为师学习医术，19 岁嫁入钱府成为钱贵鳌二儿媳。因天资聪颖，悟性极高，加之钱贵鳌悉心指导，毫无保留地传授，数年便掌握了钱氏中医的精髓。她辅助钱贵鳌诊治患者，调制“黑油膏”，掌握了“黑油膏”配方的制作、使用。钱玉珍被当地人称为钱二奶奶，她心地善良，深得人们尊敬。她给病人看病，从不斤斤计较，遇到有困难的病人，常常免去诊疗费，有的甚至免去药费。她的职业操守就是，患者没有尊卑之别、贫富之分。

第四代顾秀武，1963 年毕业于靖江卫校医学专业，同年被分配至惠丰卫生院中医外科工作。后成为钱玉珍长孙媳，并师从钱玉珍学习钱氏中医外科和“黑油膏”的制作、使用。在多年的医学实践中，她刻苦钻研，继承家传，又博采众长，开拓创新，在理论和临床上都有较深的造诣。对一般的痈、疽、疔、丹、痰能药到病除，治疗疑难杂症亦屡见良效。有被诊断为不治之症，甚至已安排后事的患者，经她治疗痊愈的不乏其人。

第五代马淑云，顾秀武儿媳，从原南京军区总医院转业至靖江惠丰卫生院，师承顾秀武学习钱氏中医外科，得到了顾秀武的悉心培育、秘传真谛，从事临床工作 30 余年，擅长乳房疾病、溃疡病、疮痛病、痔科疾病的治疗，对中医外科常见病、多发病的诊治有着丰富的临床经验。

第六代钱剑秋、钱剑弘，均已熟练掌握钱氏膏药的制作和使用方法，目前就职于靖江市人民医院。

钱氏外科六代传承，始终坚守医道，利用家传医学造福人民，在当地及周边城市有口皆碑。

殷氏中醫兒科

东兴镇封头坝殷氏中医儿科，传承已有三代，110余年历史。

第一代周赞堂，原籍江苏宜兴，出身医学世家，师从名医蒋蓬春，在儿科方面运用小儿推拿、针灸、口服健脾散、贴脐疗法等，治疗小儿慢性消化不良、腹胀、腹泻等，效果极佳，后因避兵乱，迁徙至靖江落户。

第二代殷锦源，惠丰卫生院第一任院长，其妻黄素青，人称黄奶奶，夫妻俩都是远近闻名的儿科医生。殷锦源师从周赞堂，其间精心钻研，不断总结，继承并发展了儿科诊疗技术。他的《推拿汇编》是在几十年的医疗实践中，借鉴前人的经验，不断总结、不断创新而完成的。其中的“推拿穴位图”图文并茂，他悉心总结的《推拿代药赋》通俗易懂，道明了各种推拿方法的药用价值。他自编的《推拿手法主治总歌诀》，一目了然地阐明了不同推拿方法可主治的各种疾病，如“推拿小儿如何说，全在手法用妙诀。掐在心经内劳宫，大汗立至如消雪，不然重掐三扇门，汗出如雨便休息。若治痢疾并水泻，重掐大肠经一节”……歌诀的形式便于诵读记忆。他独创的小儿推拿基本手法，在临床上常用的推、运、按、摩、揉、掐、搓、摇八法的基础上，又增加了拿、捻、捏、点、刮、分、合七法，共十五法，并对每种推拿手法如何运行、效果、注意事项等都做了详述，为后人的学习、理解、掌握提供了方便。他的推拿疗法新编《推拿十三大手法》深奥莫测，如“打马过天河法”“黄蜂入洞法”“水底捞明月法”“飞经走气法”等。在小儿诊断方面，殷锦源详细记载了各种疑难杂症的案例，如急惊风、慢惊风、脐风、麻疹等，对各种病的病因、症状、治疗方案、推拿治疗、针灸治疗、药物治疗、注意事项等也都做了详细记录。该书具有很高的医用价值，为后人留下了宝贵的医学财富。

第三代殷晓刚，从小受到浓厚的医学氛围熏陶，目睹了父母的医德医术，从医后汲取、传承了先辈中医儿科方面的经验。他潜心学习、研究治疗小儿慢性消化不良的小儿推拿、口服健脾散、贴脐三联疗法，总结并不断创新；对常规西医难以解决的儿科其他常见病，如慢性顽固性咳嗽、寒热往来、新生儿病理性黄疸等，采取中西医结合的方式，有独特的疗效。

周松芝中藥店

根据《靖江县志》记载，季市很早就有了中药铺。其中最早的是清道光三十年（1850）创办的周松芝中药店。

今季市西街6号店面房是周松芝中药店的原址。原先的药房，前面是2间店面，朝南和朝西分别放置着L型的柜台，柜台后面靠墙处分别放着一人多高的药柜，药柜最上面两层放着一排大肚子青花瓷药罐，下面纵横排列着同等大小抽屉的药橱，每个抽屉上都贴有标注药名的标签。柜台下放着许多蒲包，里面放的也是药材。柜台里面竖着一块黑漆大招牌，上书“雅慕韩康”4个金色大字，字体厚重而端庄，熠熠生辉。店面中央摆放着一张红木雕花八仙桌，桌子四周放着雕花靠背椅，桌面上放着茶壶、茶碗、旱烟、水烟管等，供顾客休息用。门外屋檐下有木质横匾，上书“松芝堂”3个大字。临街檐柱上挂有长1米多的白色搪瓷招牌，上书“周松芝堂国药店”7个大字。这几个字十分醒目，行人老远就能看到。

周松芝药店不光店面阔绰气派，而且货真价实，所以顾客盈门，生意兴旺。

周镕甫是周松芝中药店的第四代传人。周镕甫读过多年诗书，写得一手好字，算是一个博学多才之人。他刻苦好学，富有钻研精神，购置了大量的医药书籍，如《黄帝内经》《伤寒论》《本草纲目》等。他不但开店卖药，也能诊治一般的小毛病，而且免费。这样就大大提高了周松芝药店的声誉，使药店生意更为兴隆。

周镕甫精读药书，熟知药性，所以对药物的质量很讲究，对配方也很认真，对员工的要求更是严格。他常对店里员工说：中药有起死回生之效，也有推墙倒壁之功。配药时看差个字、配错一味药，足可致人死亡，万万不可粗心大意。

周镕甫不仅经营有道，而且教子有方。他遵循孔子“易子而教”的教诲，把 7 岁的长子周昭光送到镇江药店学徒，学习中药加工技术。周镕甫不到天命之年就因中风早逝，周昭光秉承父亲遗志，继承祖训和祖业，成了周松芝中药店第五代传人。

周昭光精明能干，又善于用人。他不惜重金，聘请富有管理经验的行家潘国华掌管店中业务，并委任其为副经理。在潘国华卓有成效的管理下，周松芝中药店又一次获得了大发展：店面扩大为 4 间（向东延伸了 2 间），在张家巷租房做库房和作坊，为客户加工丸、散、膏、丹四大中成药。周松芝中药店的杂口药也深受客户欢迎。此外，该店还为茶食店加工消胀健脾、老少皆宜的八珍糕。

当时的周松芝中药店闻名于靖、泰、如 3 县，批发零售兼营，客商遍及大江南北。直至 1956 年公私合营，周松芝中药店一直是季市药业的头块牌子，也是季市诸多中药店中营业时间最长的。

马复盛中药店

马复盛中药店的老板马骏寿是个有胆有识的人，药店开办时资本不足，靠向亲朋好友借贷经营。由于他活动能力强，善于经营，而且广施仁德，很快成为季市众多药店中的佼佼者。

当时季市附近农村里穷人很多，有病却买不起药。马骏寿允许病人广泛赊欠，深得民心，药店也由此声誉大振，生意兴隆，每天从柜台上黄铜铸造的捣药桶内发出的咣当咣当捣药声，从早到晚不绝于耳。马骏寿深明大义，同情革命者，常为他们提供方便。1948 年秋的一天晚上，中共靖江县委一位负责人去如皋郊外某村庄开会，马骏寿不但盛情招待，还亲自护送他出季市。马骏寿善待职工，支持职工参加革命。1949 年春，在马骏寿的支持下，职工卢兆洛参加了革命，后来成了中共盐城市委秘书。临行前，马骏寿还为他添置了衣服鞋袜。职工黄乔山是泰兴珊瑚人，以在马家药店学徒作掩护，为共产党做情报工作。马骏寿知而不问，还为他提供方便。类似事例很多。直到 1956 年公私合营，马复盛中药店的声望在季市药店中仍居领先地位。

永豐大藥房

四墩子在最鼎盛时期，仅中西药房就有 6 家之多，即陈金生开的"永丰药房"、江保和开的"江泰和药房"、沈百香开的"泰和生药房"、陈恒庆开的"仁泰和药房"和王田芬药店、王景药店。

所有药房中，陈金生开的"永丰药房"时间最早、店面最大。

陈金生，小名陈三，20 世纪 30 年代在四墩子东街刘松山手中购买了一块地皮，建起了 2 间坐南朝北的街面房，开办永丰药房。

传统的中药房都有一定的布置格局。靠山墙一面是一排高高的中药柜橱，柜橱上密密麻麻排满了里外两格的方形抽屉，里面存放待卖的各种中草药。抽屉的面子右上角贴着写有药名的标签，配药的药师随时可以看清各种草药存放的位置。

大柜橱的顶端放置着两排大小不同的青花瓷罐，里面存放各种未加工好的药材。

药房对顾客营业的柜台高 1.5 米左右，柜台上常年放置着配草药的包装纸、压纸的木块、冲药粉的铜药冲，以及一把微型小秤、一圈扎药包的绳子等配药器具。

柜橱外侧地上还放置着大小不同的铁制脚踏"研槽"，用于加工粉碎药草。

平时，药店老板和伙计就站在柜橱里面，等待顾客上门。过去在没有西医院之前，农村老百姓生病，都是依靠中医诊断开方，到药房抓药回家煎服调理。所以中药房是必不可少的。

錢氏頭風膏藥

治疗妇女产后头痛病的“头风膏药”，出自四墩子北街钱友成的祖传手艺，整个靖江乃至苏北地区独此一家。

钱氏生产膏药的作坊设在自己家中，操作人员仅限自家人，技术秘不外传。一年四季，作坊日夜加工不停。别看小小的膏药只有一元钱硬币大小，利润却有其七八倍之高。

钱氏头风膏药，其实就是一种圆形有凹凸面的纸质外壳。它本身并不具备治疗头风病的作用，而是买来以后，将中药医师配制的末药或药丸放置在凹面内，贴在妇女两侧太阳穴上，让药物透过皮下穴道通达头皮内，从而起到治疗头风痛的效果。纸质外壳的功能只是使药物不流散，其原理类似现在吸贴墙上挂钩的圆塑料片。没有它，末药或药丸就放不住。这种治疗妇女产后头痛病的办法，过去很管用，民间很是信服。直到 20 世纪 70 年代，靖江医药公司还有货销往东北丹东、沈阳等地区。

这种纸质圆片的制作工序很复杂：

先将两层软质方纸用糨糊均匀地粘贴在一起，贴在潮湿的专用木板上，等太阳晒干。特别注意的是，纸要粘贴得很平服，像裱画轴一样无皱痕。晒干后一面刷上红色水，为里面颜色，一面刷上黑漆，为正面颜色。纸干后，由钱友成本人操作，在一棵大树根刨平的木墩子作台上，用专用空心铁冲模具，手握木榔头敲打冲模，一片片圆纸片就被轻轻地冲下来了。

接下来，将圆纸片一只只平放在雕有凹面的木质模板上，操作人手持烧烫的有凸面的专用铁模棒子，对准圆纸片烫下去，双手握柄紧紧地用力旋扭几下，再拿开模具，原来的平纸片就变成凹型纸片了，这就是成品。最容易报废的就在这道工序，模具若烧红了，纸片要被烫黄，品相不好；模具热度不够，纸片就烫不成凹面成品。

然后，对制作好的成品进行精选，剔除整烫得不好的，再按规定数量整理好，放在有一路路凹槽的模板中，先卷成小包装，再统一大包装，做好装箱发货的最后准备。

这种民间作坊产品技术含量其实不高，只要有专用模具，生产起来不困难，关键是要有广泛的销售渠道。

钱氏头风膏药质量好、渠道多，所以经久不衰。

程炳生中医

老中程炳生医从医数十年，算得上四墩子镇上的一代名医，在老百姓中很受尊重。

程炳生熟读医书，给上门的病人看病时，他认真细致，望、闻、诊、切样样严格遵守。给病人把脉时，他闭着眼睛，摇头晃脑，沉思良久，才确定病因，开出药方。程炳生习惯用药重，所以病人容易恢复。

程炳生的医术得到了四墩子周边老百姓的信任，就连江阴利港、西石桥等地的老百姓也很相信他，经常有人坐渡船过来找程炳生看些疑难杂症。

在外科上，程炳生治疗各种无名肿毒更是拿手。他有自制的末药和土膏药，如有害脓疮疖子的过来，他用手术刀轻轻一划，挤出脓水，插进自家研制的药末捻子，封上土膏药，更换一两次，很快就会痊愈。

陳梅庵診所

四墩子东街的“陈梅庵诊所”相当出名。

老中医陈梅庵，师从清末御医沈三久。沈三久又名沈润民，四墩子南侧沈家圩人，年轻时被江南孟河一名前御医收为关门弟子，学得一手好医术。沈三久回家后自立门户，凭一身绝技，声名远播。四面八方慕名而来的求医者络绎不绝，排不上号的就住在四墩子客栈里耐心等待。

沈三久先后收徒 4 人，即陈梅庵、徐焕章、裴耀武、孙永西。其关门弟子孙永西后成为靖江中医院的掌门人，被尊称为靖江中医学泰斗。

陈梅庵是沈三久的大徒弟，深得师父真传。他满师后在四墩子东街自家屋内开设了诊所，服务周边的百姓。为了将医术发扬光大，他先后带了 3 个弟子——亲侄儿陈再善、本镇的俞宗富和女弟子孙秀霞。后来 3 个弟子都满师回家，自立门户。

公私合营后，四墩子几家诊所合并，陈梅庵与程炳生、徐焕章、朱永基等人，利用原陈梅庵的诊所开了一个中医联合诊所，后来又搬到张克裕糕点店原址，与裴耀武、熊省之等人的诊所合并。由于地方小，不久诊所又迁至四墩子北街。这时年轻的医生加入，西医治疗的名声也响了，陈梅庵等老中医便回家了。

孤山老藥店

1930年后，孤山街上相继开办了两爿中药铺，一是位于东街的李家泰山堂，另一是位于十字街口的朱家成春药栈。这两家药店各自雇用了一名职工，李家的工人姓王，朱家的工人姓陈。他们根据郎中开出的处方，照方抓药。药铺也出售一些中成药，冬天还帮助居民熬制一些膏方。1949年左右，开始兼售一些西药。两家生意都可以。成春药栈相对而言更好一些，所以又招收了一名学徒。

1956年公私合营后，两家药店均归属孤山供销社，一家开设在孤山西街，一家搬至团结卫生院内，开设在孤山的中药店由陈氏负责。

劉仁和國藥店

刘仁和国药店由刘绍坤创办于抗战时期，是民国直至新中国成立初期下六圩享有盛誉的中药房老字号。刘绍坤生于1921年，是刘裕福次子，福兴泰茶食店刘绍基之弟。

20世纪30年代初，刘裕福开办福兴泰茶食后不久，被疯狗所咬不治而亡。突遭变故，寡母只能让兄弟二人中断学业，学艺谋生。因哥哥已承父业，刘绍坤经人介绍，欲到当时下六圩镇最大的店铺——万盛百货商店学徒。商店老板蔡春林有店面2间，店铺进深三进，东南两面都有门面。刘绍坤当时只有虚岁15岁，身材瘦小，蔡老板以不带本街孩子为由，婉言相拒。

无奈之下，刘绍坤改到万盛隔壁的万福堂药店学习国药。万盛学徒受挫，让刘绍坤倍加珍惜在万福堂学徒的机会。万福堂老板蔡乐民，人称蔡三先生。当时店里有六七人，包括老板、小老板、大先生、中班先生，等等。因为人多，饭菜不够吃。少年刘绍坤很懂事，学徒3年，他多以汤淘饭，以便见机行事，为老板一家添饭斟茶。

当时，药房所收多为铜板，有时不经意会有一两枚滚落地上。每天清晨，洒扫是第一功课，刘绍坤看到滚落在地的铜板，总是小心地捡起来扔进钱柜。而另一个学徒就有些贪小，不声不响地揣自己兜里。老板听不到铜板砸进钱柜的声音，嘴上不说，心里有数。有时会故意问今天是谁扫的地，以印证他的判断。

1937年，淞沪会战爆发。中国海军利用江阴要塞抵御侵华日军，在日军轰炸下损失惨重。有一艘“楚有”舰分散隐蔽时藏至下六圩北街港边的竹园后面，岂料被汉奸得悉后告密。日军出动轰炸机袭击，整个下六圩街陷入火海，大多数房屋被烧毁。10月1日，“楚有”舰被炸沉。刘绍坤穿着短裤一口气逃到五圩港亲戚家，保住了性命。

刘绍坤学成出师后不久，下六圩老街也从瓦砾中慢慢重建。刘绍坤便在老街上开了一家国药店，起初叫“良心堂”，随着生意日渐有了起色，遂改称“刘仁和”，为此他特地到靖城请当时最有名的书法家朱立先生题写了招牌。

刘绍坤经营有术，德正药真，很快声名鹊起。当时的靖江名医如周赞唐、孙筠溪、陆慎其等人，为沙上求诊者开方后，常嘱咐一定要到“刘仁和”抓药。刘氏出身贫苦，深知普通百姓生活艰难，看病不易，所以每次派伙计出门要账，总是叮嘱，如果人家实在困难，付不起药钱，就回来报告销账。

1956年实行公私合营，乡镇中药店划归当地供销社。老街各类店铺联合组建下六圩合作商店，由刘绍坤出任经理，刘仁和国药店落下帷幕。20世纪60年代后，八圩供销社成立，总店设于公所桥，下设八圩、中桥、高桥、六四、五四等代销点，刘绍坤先后担任各代销点的负责人，最后回到下六圩，在下六圩商店光荣退休。

刘绍坤退休后，不久就迎来了改革开放的热潮，他一边培养第三子经商创业，自己又开设了一爿百货商店，在供销社退出市场后，刘氏商店在下六圩持续经营了20余年，直至2010年下六圩拆迁。

与哥哥刘绍基一样，刘绍坤也爱整洁。百货店内南北货充盈山架，摆放如国营商场，展陈有致，一尘不染。他终日手持毛掸，忙前忙后，笑迎八方来客。兄弟二人还有同一爱好，即喜爱栽培花草树木。刘绍坤经营多年，将家中小院建成小花园，乔木花草、树桩盆景一应俱全，四季长春。2020年，刘绍坤无疾而终，享年101岁，传奇人生就此画上句号。下六圩居民大多认为，老人的长寿源自他年轻时学艺精进，深谙药理医道，养身有术。

从刘仁和国药店到下六圩合作商店，再到百货商店，历经民国至新中国成立后几十年，横港以南沙上地区，提到下六圩刘绍坤，可谓无人不知，远近闻名。

金融与典当业

靖江金融与典当

靖江的金融业在明清时期并不兴盛，清末靖江仅靖城有大成、协盛两家钱庄，资本也只各1万元，年营业额两家合计只20万元，各乡镇也无分号。但至民国时，靖江的典当业已十分发达，钱庄也有季市地区最大的汤乾号钱庄。

典当，亦称“当铺”或“押店”，旧时以收取衣物等动产作质押向当物人放贷的一种高利盘剥机构。不仅靖城有典当，沿界河边的季市、广陵镇、毗卢市、新镇市等集镇都有；乡村地区如斜桥及其附近的陆家典当埭、孤山东面的刘家典当埭、生祠镇北面的朱家典当埭，在清末同时或先后出现。

靖江的典当，始于瞿、周两家。瞿姓是靖城人，典业创始于瞿景川，其后为瞿七斤。广陵镇、斜桥镇、孤山东南等处的典当，均为瞿姓开设，包括设在邻县的，传说共有七爿半。瞿七斤死后无嗣，因宗族间争夺嗣产，相互涉讼，贿赂官府，活动亲族，闹得天翻地覆，当时就损失了大部分产业。结果，产业由瞿七斤族侄瞿康保继承，其时康保年龄幼小，尚未懂事，实权尽操于其生父瞿献廷之手。瞿献廷出身纨绔，且自恃是清秀才，一切无所谓，不仅对掌握的典业不善经营，而且挥霍无度。据传有一次，一夜豪赌就输掉典当一爿半，价值若干万银圆。等康保长大成人，瞿姓典业已所剩无几。哪知瞿康保也是个大糊涂虫，比其父败家更快，所以到清末时，瞿姓典当就全部被败光了。

周姓是季市界河南周家埭人，典业始于周圣和，到北洋政府时期周秀峰、周少峰、周谦山、周慕李等继承时为最盛，不仅靖城（周、刘合并）、季市、广陵镇等处典当为周姓开设，且扩张到泰州、泰兴、姜堰等地。各典相互支持，资金周转便利，营业旺盛，红极一时。

1927 年，联军孙传芳部败退苏北，肆意抢劫，典当业首当其冲，特别是周姓在泰州的典当行，受联军洗劫更甚。此后，周姓各典营业虽然不算太坏，剥削所得也着实可观，然而终因各典在兵匪抢劫之后，都有不同程度的损失，大伤元气，加上周姓子弟腐朽堕落，任意挥霍，从各自典内支付或转移资金，以致大多数典号不景气。抗战期间，少数典当仍继续营业，然而景况大大不及以前，因此到新中国成立前夕，都先后关闭。

慶餘典

民国年间，靖江典当业比较红火时，“庆余”尤为“扎眼”。

清末民初，常州人袁励淮在靖江开设“祥和”典当。1913年“祥和”出盘给靖人刘焕文、周少群二人合股经营，更名为“庆余”，典当原址即今靖城大会堂西部，占地10亩左右，拥有房屋100余间。大门内迎西墙上书有一人高“当”字，店内有高出人头的两面大柜台，庆余典为当时靖江城内规模最大的营利机构。

庆余典营业情况一直较好。北伐军第一师先锋队指导员蒋伯真到靖时，强令县政府将存在庆余典的地方公款1万余元提去交他，后来未能追回；同时地方市面上银根很紧，私人方面也纷纷向该典提取存款，致使该典措手不及，在资金周转上顿感困难，无法营业。从这时起，该典当即在内部办理清算，对外只放赎不当进。所以靖城在1927—1934年间，并无营业的典当。

1935年，原“协盛钱庄”资方盛舜臣集资2.4万元，租赁前庆余典全部房屋，开设“裕靖公典”，盛自任经理，于当年冬季开始营业。至1937年抗战全面爆发时，积存所当衣饰财物，为数颇多。日军侵靖时，该典被日机轰炸，毁损一部分。日军进城后，该典全部财物、房屋，统被日军及兵匪先后烧光、抢光。这次空前损失，表面看受害者是典当老板，实际受害最大的是当物的贫苦人民。

靖城的“同济代典”是前“大成钱庄”协理孙星台发起组织的。孙自任经理，聘用前庆余典一部分歇业人员王峤生、黄耀庭、朱云九等为营业员，于1934年起开始营业，地址在县前街。所谓“代典”，不是自己直接营业，而是代广陵镇“同德典当”规定办理。每代当1元，加收手续费2分。这2分数字看起来虽小，但累积起来就很可观。该代典也是日军犯靖时歇业的。

此后，靖城一直未有过典当。

湯乾號

汤乾号钱庄创建于民国初年，是季市最早也是后来最大的私人钱庄。

汤乾号钱庄的创始人叫汤桐生，常州人氏。清朝末年，他从常州流落到季市，从此在季市落脚生根。

汤桐生中等个头，身材不胖不瘦，国字脸，面貌俊朗，头脑灵活，精明干练。一开始，他并不富有，利用一点儿小积蓄，在季市街上摆了个钱摊子，以小额放贷和兑换钱币为业。所谓兑换钱币，就是为了生意人或路人携带方便，帮他们将小面额钱币兑成大面额钱币，或将大面额钱币兑换成小面额钱币，如将小钱（中间带方孔的铜币）兑成铜板（又称铜圆），将铜板兑成银圆，从中赚点手续费。后来，汤桐生与人合伙做木材生意，攒了一笔钱，于是开起了钱庄，取名“汤乾号”。这也是当时季市的第一家钱庄。

当时的季市已经发展成如（皋）、泰（兴）、靖（江）3县交界的商贸集镇，货币市场十分活跃。汤乾号钱庄可以说是应运而生。

汤乾号钱庄坚持诚信服务、礼貌待客，生意做得红红火火。

经过几年经营，钱庄生意越做越大，资本也越来越雄厚。不久汤桐生就在季市南街买地置房，将钱庄扩大。

扩建后的汤乾号钱庄坐西朝东，3 间店面，前后三进，每进左右两边为厢房。那年代社会动荡不安，为防盗贼，汤桐生将房子建得十分坚固，所有大门的门板厚达五六厘米，木制暗栓 10 厘米见方，门墙厚 50 厘米。前后天井上面用铁圈交叉焊接成网状，使盗贼既不能破门而进，也不能攀墙而入，真可谓固若金汤。钱庄雇用了 10 多个伙计，管账先生、柜员、门卫、保姆、厨师、勤杂工等一应俱全。

钱庄的门面很气派，大柜台一字形摆开，柜台里面叠放着一只只包着铁皮加了铁箍的大木箱子，上面套着铜锁，都是用来放钱的，相当于现在的保险柜。

钱庄的业务就是吸储和放贷，从中赚取利息差。当时季市商业繁荣，商铺多，又地处三县交界，占据得天独厚的地理位置，因此汤乾号钱庄的生意很是兴隆，每天存款的、借贷的，进进出出，门庭若市，噼里啪啦的算盘声从早到晚，不绝于耳。

财源滚滚，汤乾号钱庄资本更加雄厚。不久汤桐生又在季市开了一爿典当铺和一爿衣庄，还在黄桥镇开设了一家典当铺。季市恒泰源日杂店也有他的股份。

汤桐生是当时季市的首富。有人说，季市的房屋有三分之一是汤家的。汤桐生在季市东街朱家大院和秦家场之间，即现今的姜八公路西边，建了一处庄园式豪宅，前后五进，每进 5 间，均为青砖大瓦房，雕梁画栋，花格窗棂，上面雕刻着象征“福、禄、寿、禧”的蝙蝠、梅花鹿、寿星、喜蛛等图案。朱漆大门上装着铜兽门环，最前面的大门两侧蹲守着一对硕大威武的石狮，其气派一点儿不亚于当时的县衙。

宅内更是富丽堂皇，豪华非常。地面全铺的罗底砖。从客厅的八仙桌、太师椅、茶几，到内室的雕花大床、衣柜、衣架等，全是高档红木制成。墙壁上张挂的是名贵字画。餐具、茶具、花瓶等全是景德镇产的高档瓷器。博古架上摆放着各种古玩。天井里丹桂葳蕤，天竺滴翠。后院假山多姿，亭阁玲珑。家中奴仆成群。汤家从老爷太太到少爷小姐，过的都是锦衣玉食的生活。

汤桐生知人善任。他用的管账先生洪汝贤一直对他忠心耿耿。洪汝贤起早贪黑打理财务，账目日清月结，多少年从无差错。汤桐生对他十分放心，也倍加信任。为了答谢他，汤桐生还赠送他一座四合院式的宅舍。该宅前后两进，每进6间，有门楼，内院青石铺地。这就是原季市镇政府所在。

汤桐生乐于助人。每年春天青黄不接时，他会派人在季市街头设锅煮粥，供应缺粮断炊的穷人；冬天，他让衣庄的伙计将一些衣服送给缺衣的穷人，使他们不致挨冻。季市镇及周边的老百姓都尊称他为“三老爹”。

周恒源典當行

旧时，几乎每个城镇都有典当行。季市也有几家，其中规模最大的是周恒源典当行。

到当铺当衣当物的大致有这样几种人：一是贫苦困难的农民和城镇贫民，二是急需用钱而一时借贷无门的人，三是被债务追逼急需归还借款的人，四是赌博嫖娼成性而家业破落的纨绔子弟。这些人常将衣服布料、金银首饰、名贵家具、书画古董等拿到当铺作抵押，换取一定的现金，以解燃眉之急。当铺则对所当物件规定赎取期限，到期无钱赎回的就由当铺自行处理。当铺从中赚取高额利润。

周恒源典当行位于季市东街今季市中学东侧。典当行前后三进，第一进是营业用房，临街 6 间；第二进是敞厅；第三进是生活用房，二三两进各 3 间。三进正屋都是高大的青砖瓦房，地面上铺的全是罗底砖。西侧是厢房，东侧的后面是船棚屋走廊，前面是荷花池。门面房厅堂内挂有一块硕大的红色木牌，上面有一正楷书写的黑色繁体“當”字，十分醒目。大厅内有一长方形柜台，上面放着算盘、戥子、当票、账册、印戳等。后墙挂有两块黑底金字的木牌，一块写着“恒源典当”，一块写着“利国便民”。平日里，戴着金丝眼镜的老管事（相当于现在的经理）和几个朝奉（当铺的营业员）掌管店面，负责收受当物，开具当票，结算银钱。遇有贵重物品典当时，则请出老板一起评议核价。

据今住在季市石碇港西周家埭的周氏后人讲，周家祖上是富户，有良田千亩。周恒源典当行的创始人周圣和，原先在靖城西门与人合开了一爿典当铺，经过三五年的历练，收获经营经验后，即退股回到季市，在东街独自开了一爿当铺，以自己名字“周恒源”作为店号，由于经营有方，生意做得红红火火。传至第二代周秀峰、周少峰时，周恒源典当行达到了鼎盛时期，在靖城有周、刘合营的典当行，季市、广陵也有开设，又分别在泰兴、泰州、姜堰三地开了分店。各店之间资金统一调度，业务兴旺，红极一时，在苏北“三泰一靖”的典当界独占鳌头。但好景不长，1927年军阀孙传芳部队撤至苏北，因军费匮乏，部属及士兵到处敲诈抢掠，各地典当行便成了他们的首选目标。周家在各地的典当铺自然难以幸免，导致周家元气大伤。到第三代周谦山、周慕礼时，抗日战争爆发。为避免兵乱再遭损失，周家将当铺的业务范围收缩，将外地当铺撤销，把资金抽回，固守季市老当铺，直至新中国成立前夕。

典当铺的雇员等级森严，老板下设“内缺”4人，“内管事”“管钱”“管包”“管首饰”各一人，名义上4人地位相等，实际上是管事全权指挥，为最高职员，相当于总管（现今的总经理）。另设“外管事”一人，专管对外一切交涉事务。外管事由资方聘请，必须是地方上的一等豪绅，既要有所谓“威名声望”，也要有“勾结官府、上下其手”之能。一般雇员也分几等：刚进当铺的叫“候缺”，“候缺”晋升为“小学生”，再晋升为“中班”“朝奉”。

“候缺”只供饭，另发理发、洗澡钱，不发薪水。

周恒源典当铺最盛时雇员多达 12 人，其中包括夜间值班的更夫和专门做饭的伙夫。周家当铺的库房特别牢固，四面墙全为青砖扁砌，厚重坚固，不仅防雨防潮，还防盗。另专养了一只大花猫，以防鼠害。

大洋貳角
每月加郵費

……說明的法器，以免有……不利

下列大……貨品

自製……北外……環球

到

影视娱乐业

大會堂

在靖江城十字路口往东四五十米的地方，矗立着一座庄严而又充满活力的大会堂。这座大会堂以其独特的建筑风格，吸引着每一位过往的行人。高高的柱子和层层的台阶共同构成了一个敞开式的门厅，每当县里有重要会议召开，这里便会挂上鲜艳的横幅，插满彩旗，热闹中透露着庄重。

大会堂并不仅仅是政治活动的场所，更是全县人民享受文化生活的重要舞台。无论是演戏还是放电影，这里都是人们聚集的焦点。每当有新电影上映，大会堂入口处便人头攒动。人们热情洋溢，期待着即将开始的视听盛宴。为了应对这种盛况，检票进场成了必不可少的环节。这也催生了各种各样的逃票“创意”，有的人依靠熟人关系蹭进去，有的人趁着前场散场时悄悄溜进去，还有的人用假票混进去，甚至有人起哄趁乱硬挤进去。

对于小孩子来说，大会堂的门厅更是一处玩耍的天堂。他们在这里弹皮筋、跳白果，尽情地嬉戏玩耍。当他们玩累了，想要看电影时，只需巧妙地在检票口轻轻拽住大人的衣摆，假装成他们的孩子，往往就能成功地蒙混过关，享受那难得的电影时光。

勝利大戲院

胜利大剧院位于布市里中南部，创办于 1949 年，由民宅改建而成，有座位 800 个，1952 年改建为 900 座。胜利大剧院是城区当时最大的戏院，有标准舞台。舞台下面是长条木凳。舞台照明用的是汽油灯。当时没有麦克风，唱戏全靠唱功，演出的节目多为古装戏，如《珍珠塔》《双珠凤》《王老虎抢亲》等，还有锡剧《江姐》、越剧《刘三姐》、舞剧《白毛女》等现代戏。靖江属吴语系，绝大多数靖江人喜欢看锡剧和越剧。每逢演出，观众如潮，来得早的坐在长条凳上看戏，来得晚的只能站着看戏，还有的就在戏院外面听戏。小孩放学时，往往可以赶上“夜通戏”，即剧团为了吸引观众，在演出快结束时不收门票，整个戏院放通，让人随便看。

1953 年，戏院搬至县前街，原址改建成电厂。

高何剧团

1947年7月，解放战争进入战略进攻阶段。转移至北线的靖江党政干部和县独立团于8月中旬挥师南下，收复靖江。

为了配合党的中心工作，县委决定在侯河区迎祥乡高何村成立农民业余剧团，运用群众喜闻乐见的形式宣传党的政策，为解放靖江做准备。迎祥乡高何村在抗日战争时期就是红色革命根据地，这里贫苦出身的民间艺人众多，荡花船、舞龙灯、挑花篮、扭秧歌、打莲湘、拉二胡、吹笛子的，不乏其人，组建剧团具有得天独厚的条件。

县委高度重视高何剧团建设，县委书记汪青辰亲自过问，县文教科副科长陈其智具体负责，起初选定了政治条件好、具有一定文艺才能的14名贫苦农民组建剧团，后发展到30多人。剧团克服物资经费紧、服装道具缺、文化水平低等困难，自编自演10多个剧目和小型表演、对口调、快板书等节目，因贴近生活、紧跟形势，受到靖江广大群众和县独立团指战员的好评。良好的演出效果让高何剧团信心倍增，他们再接再厉，先后编排《狠心地主》《蒋介石过年》《丁芙英诉苦》《送子参军》《一把刀》《美人计》《李得胜归队》《优抗》《朱友生转变》《幸福在眼前》等剧目，特别是《王友生翻身记》这部戏，在侯河区土改扩大会议上演出时，台上台下哭声一片。县团指战员们观看演出时更是斗志昂扬，有个战士甚至拿枪要打台上的“地主”，幸亏旁边的战士阻止，说台上扮演地主的演员也是贫苦农民，这个战士才恍然大悟，怪自己太过入戏。演出结束后，许多青年当场报名参军。

随着形势的发展，高何剧团不断壮大，成为靖江县一支重要的文艺宣传队。他们演群众自己的戏，说群众自己的话，讲群众自己的理，诉群众自己的苦，壮群众自己的胆，鼓群众自己的劲，让群众明白无产阶级只有解放全人类，才能最后解放自己。从 1947 年 8 月到 1949 年靖江解放，高何剧团先后为工农群众、部队指战员演出 100 多场次，观众 10 万余人次，有力地配合了土改、三查三整、参军支前等工作。

新中国成立后，侯河乡在原高何剧团的基础上，组建新的文艺宣传队，选招文艺骨干，配备编导和乐队，1950 年正式成立侯河乡剧团，演出内容由歌舞、说唱、快板类节目逐步向大型锡剧过渡。1958 年后，剧团聘请著名锡剧小生王彬彬的徒弟仇国民传艺，先后排演大型古装锡剧《珍珠塔》《双珠凤》等传统剧目，以及《双推磨》《芦荡火种》《恩仇记》《郑小娇》等现代剧目，不但在靖江城乡来回巡演，而且经常外出到武进、丹阳、江阴、如皋、泰兴等邻县演出，总计演出场次超千场，观众达百万人次。1960 年，副团长丁绍华出席全国文教群英会，受到中央领导人的亲切接见，并获赠锦旗、奖章等奖品。1963 年剧团自行解散。1978 年，侯河公社党委重整旗鼓，成立侯河公社业余剧团，丁绍华任团长。剧团成立后，选排锡剧《珍珠塔》，在侯河影剧院连续演出 36 场，场场爆满，一票难求，丰富了群众的业余文化生活。

照相业

三友照相馆

靖江的照相业创始于民国初年，由邑人刘逸清创办。刘逸清青年时期因其姐在南京开设照相馆，即跟随她学习，学成后回靖在邑庙（即城隍庙，新中国成立后改为大会堂）内设一照相室。过去城隍庙内附有茶室，一班地方士绅每天到此吃茶或作叶子戏（打纸牌），刘逸清的照相业务多半靠这些士绅，他们以茶后牌余照张相为一乐趣，城镇居民光顾者不多，所以营业一般。后照相馆因刘逸清年老而歇业。

抗日战争前，崇明人陈鸿杰在靖江公园内开设“时芳照相馆”，因借园内自然景观作为背景，顾客又以游客为主，加之陈鸿杰年轻艺高，因此营业大增。当时，照相业在中国已趋普及，技术上也日新月异，陈鸿杰夫妇及其侄陈孝先三人顺应了天时、地利、人和，生意颇为兴盛。

1937 年日军占领靖江后，卢兴由无锡带领友人尤锡芳、尤锦昌等，在靖江西门外小河沿（现新建路）租得薛普庆房屋，合资开设“三友照相馆”。卢兴是靖江人，在无锡老宝华照相馆学艺，时局稳定后即偕无锡友人来靖谋求发展。适值敌伪政府发放良民证，每人必照的官方生意，犹如给当时的照相业注入了一针强心剂。三友照相馆因人手不够，又增添学徒、职工数人，包括本县侯河人何茂余，无锡人任炳裕、徐若鹏等。此时是“三友”的鼎盛时期。随后，“三友”又来了一名修底放大技师周坤元，他凭借自己的修底放大技术成为当时同行中的佼佼者，新中国成立后被北京中国照相馆聘用，被评为特级修底师。学徒何茂余满师后至常州市开设美余照相馆，歇业后回靖，在影剧公司工作。徐若鹏艺成后回到无锡，新中国成立后在无锡日报社工作。后卢兴因与无锡朋友意见不合，自行分开，在过去的城门洞口开设“老三友照相馆”，原三友照相馆即全由无锡人经营。尔后无锡几人又产生矛盾，尤锡芳、周坤元等相继离靖返锡，仅留任炳裕随师尤锦昌在靖，后尤锦昌也未能好好经营，终于将该店出盘。

時代照相館

花松泉是三友照相馆营业员，家在西门外，他有个朋友叫朱去非，寓居他家。三友照相馆后来改名“时代照相馆”。

朱去非经常随花松泉去照相馆玩，后与任炳裕结为挚友。三友照相馆出盘时，任炳裕因财力不足约朱去非合盘。朱去非当时随季一先学画，知道照相与绘画有一定的联系，便欣然允诺。因此三友照相馆由任、朱二人合伙经营，又延续下去。1945 年，任炳裕因照相馆营业不佳决定返回无锡，遂将三友盘予朱去非一人经营。当时国民党政府兴起发国民证，各地照相业犹如雨后春笋层出不穷，往往只要租两间屋、开两个天窗就算是一个照相馆了。靖城地区据不完全统计，靖城地区就有 10 余家照相馆，但有一定规模及技术水平的只有“老三友”“三友”“新艺”“明芳”“真鸿运”等。国民证照片拍摄结束后，这些临时照相馆也相继倒闭，所存仅以上几家较有规模者。新中国成立前夕，由于社会动荡，经济凋敝，万业萧条，民不聊生，以市民为主要消费对象的照相业不断萎缩，最后只剩下朱去非开的“三友”一家了。

新中国成立后，政治、经济形势发生了翻天覆地的变化，照相业和其他行业一样，在中国共产党的领导下焕然一新，蒸蒸日上。新中国成立之初，百废待兴，因而会议甚多，多数会议都要摄影留念，朱去非的三友照相馆因而生意兴隆，应接不暇。由于三友照相馆地点偏僻，做机关生意很不方便，同时“三友”与“老三友”为牌号相仿有过多次争执，朱去非决定迁移地址，改换店名，扩大营业。他对城内自家房屋进行了改建，朝北立一门户与人民医院（原址）对门，改名“时代照相馆”；并利用自己的绘画特长，对新店着意设计，在园地内满栽花草，中心叠一小假山，作为拍摄外景的好地方，内部布置更富有艺术气息，走入摄影间大有舒适感。因此，自 1951 年从西门外小河沿迁至城内并更名后，时代照相馆营业额日增，声名鹊起。

新影照相館

1956年，靖江照相业实行了公私合营，迅猛发展的社会主义经济给照相业带来了盎然生机，社会需求量的增加、城市的不断扩建等刺激着照相业的发展。1958年，时代照相馆迁至大会堂西首，更名“红旗摄影社”。朱去非亲自设计了5间2层木结构大楼，楼下摄影，楼上工作，门面玻璃橱窗，整洁美观。工作人员由公私合营来的两家8人增至13人，红旗摄影社成为一家社会主义性质的国有企业，真心实意地为人民服务，为社会主义事业服务。

这时，各乡镇也开设了照相馆，如季市有钱知运开设的“就是我照相馆”，后发展成大集体企业。陈鸿杰在新中国成立后由靖城迁至西来镇，开办齿科兼照相，1977年病逝后，其二孙分承祖业：陈东和经营牙科诊所，陈建和在西门菜场附近经营“西洋照相馆”，都是靖城地区同行业中有影响的个体户。生祠堂的照相馆原有一个叫赵登元的师傅当家，有学徒数人，薛翠金即其中之一，薛翠金后调至扬州市饮服公司任经理。这些乡镇照相馆的开办为广大农民提供了不少方便。

改革开放给照相业带来了生机和活力，会议照、产品照、生活照、艺术照在靖江的政治生活、经济建设、群众娱乐等领域发挥了重要作用，尤其是彩照的普及，使社会的需求量与日俱增。与此同时，集体、个人照相馆应运而生。红旗摄影社改名为“新影照相馆”，建成一座四层框架式结构的现代化大楼，并在朝阳饭店底层设一明星门市部。“新影”由朱去非的女婿承包经营，增添了彩扩设备与一现代化小摄影场，营业额逐年上升。县供销社在靖城十字路口原商业局底层开办了彩色摄影图片社。个体户照相馆中，“西洋”“百花”“美能达”等是较有名气的几家。

后 记

政协文史资料工作承载着“存史、资政、团结、育人”的功能。编纂出版《靖江老字号》，是为了记录和整理靖江老字号的传说和故事，期待通过此书挖掘靖江人自己打造的老字号，及其所蕴含的专注、匠心、品质、创新等精神价值。

本书编纂期间，靖江市政协领导高度重视，十分关心支持书稿编纂，成立了工作专班，先后组织召开了多次会议，聘请了张兴华、朱浩勋、王勤耕、徐存华、刘文剑、黄益涛、徐学波、鞠东平、陈永光、马鉴、秦亚平、刘志良、朱苏钢、王剑锋、钱明等地方文史专家学者组成了编纂组，他们历尽艰辛，经过多方搜集史料文献，查阅考证地方志书与专题传记，从中抽丝剥茧、条分缕析，在历史脉络的草蛇灰线下抽丁拔楔，还深入古镇老街、市集里弄，寻访老一辈讲述老字号的点滴奇闻、掌故逸事与承续脉络，终撰稿成文，让每一个老字号的来龙去脉都能翔实详尽。

本书得到了靖江市委、市政府的高度重视，从项目立项、经费保障等各方面给予了关心与支持，得到了江苏凤凰文艺出版社的全力支持，得到了市政协机关全体工作人员的支持，得到了市委宣传部、史志办、市文体广电和旅游局、融媒体中心及各镇（街道、园区）的大力协助配合。夏炳初老先生对本书进行了深入细致的审核，著名书法家常秦先生义务为本书中涉及的老字号作了题签。在此，一并致以诚挚的敬意与由衷的感谢！

由于时间紧、任务重，靖江的老字号只能庸书其概，不能全其类，遗漏与讹误在所难免，敬请广大读者提出宝贵批评意见，以便再版时更正完善。

编纂组

2024 年 10 月

图书在版编目（CIP）数据
靖江老字号 / 沈南松主编. -- 南京 : 江苏凤凰文艺出版社, 2024. 12. -- ISBN 978-7-5594-7427-8
Ⅰ. F279.275.34
中国国家版本馆CIP数据核字第2024G6M818号

靖江老字号
沈南松　主编

出 版 人　张在健
责任编辑　傅一岑　张 婷
书籍设计　郭 凡
责任印制　杨 丹
出版发行　江苏凤凰文艺出版社
　　　　　南京市中央路 165 号，邮编：210009
网　　址　http://www.jswenyi.com
印　　刷　苏州市越洋印刷有限公司
开　　本　718 毫米 ×1000 毫米　1/16
印　　张　23.25
字　　数　251 千字
版　　次　2024 年 12 月第 1 版
印　　次　2024 年 12 月第 1 次印刷
书　　号　978-7-5594-7427-8
定　　价　98.00 元